AF297185

RUDIMENS

DE LA

LANGUE HINDOUSTANI.

RUDIMENS

DE LA

LANGUE HINDOUSTANI,

A L'USAGE DES ÉLÈVES

DE

L'ÉCOLE ROYALE ET SPÉCIALE

DES LANGUES ORIENTALES VIVANTES,

PAR M. GARCIN DE TASSY.

كلّ لسان انسان

PROVERBE ARABE.

PARIS,

IMPRIMÉ PAR AUTORISATION DU ROI

A L'IMPRIMERIE ROYALE.

—

M DCCC XXIX.

AVERTISSEMENT.

En rédigeant cet opuscule, mon intention n'a point été de faire une grammaire ; j'ai seulement voulu présenter les rudimens de la langue que je suis chargé d'enseigner, c'est-à-dire, les paradigmes des déclinaisons et des conjugaisons, les pronoms, &c., avec quelques observations indispensables. Il m'a paru inutile d'étendre mon travail ; la grammaire de M. Shakespear, bien supérieure à toutes les grammaires hindoustani qui existent en anglais et en d'autres langues d'Europe, me dispense de ce soin. La syntaxe seule serait susceptible de plus amples développemens, que je ne manquerai pas de donner, si je me détermine, dans la suite, à publier une grammaire hindoustani.

J'ai mis en tête de ces Rudimens un avant-propos qui n'est autre chose qu'un coup-d'œil rapide sur la langue et la litté-

rature hindoustani. Sa lecture inspirera peut-être à des jeunes-
gens studieux le desir de s'occuper de cet idiome aussi intéressant qu'utile.

« Dans la saison de la jeunesse, apprends tout ce que tu
pourras, a dit un des poëtes les plus célèbres de l'Hindoustan;
la tâche est difficile, et le temps est court. »

بن جو کچھ بن سکی جوانی مسین
رات تھوڑی ہے اور بہت ہے سانگ

AVANT-PROPOS.

Je ne déroulerai pas le tableau des Rudimens de la langue hindoustani, sans répondre auparavant à trois questions qui doivent
se présenter à l'esprit de celui qui n'a pas des idées bien précises
sur cet idiome important.

Qu'est-ce que l'hindoustani ?

En quoi consiste son utilité ?

Quelle en est la littérature ?

I.

A l'époque où le sanscrit, qui s'était répandu dans toute l'Inde
avec la religion des Védas, tomba en désuétude, des langues nouvelles, désignées sous le nom générique de *pracrit,* se formèrent,
dans les diverses parties de la presqu'île, des débris du sanscrit et
des anciennes langues des autochthones. Celle qui prit naissance
au nord, dans le vaste empire dont Canoje était la capitale (1),
soit à cause qu'elle était plus étendue que les autres, soit parce
qu'elle était la langue de la principale monarchie des Indes orientales, fut considérée comme l'idiome national, et appelée langue
des Hindous, ou *hindouwi* (2), et indien, ou *hindi.* Bientôt l'in-
vasion de Mahmoud *le Gaznévide,* à l'aurore du XIe siècle de notre
ère, modifia ce langage. Il fut adopté comme moyen de communication entre les vainqueurs musulmans et les naturels de l'Inde. Les
formes antiques s'altérèrent ; des mots arabes et persans s'introdui-
sirent à travers les mots hindouwis et sanscrits ; et c'est ainsi que

se forma peu à peu l'idiome que la victoire répandit plus tard dans
tout l'Hindoustan proprement dit, et dans la presqu'île en-deçà du
Gange.

Cette langue reçut le nom spécial d'*ourdou-zaban*, ou *ourdou*, c'est-
à-dire, *langue de camp*, parce qu'elle fut formée au milieu des camps
musulmans, ou peut-être à cause qu'on s'en servit d'abord dans le
marché de Dehli, qui, pendant l'occupation de Timour, prit le
nom de *camp* (3). Les poëtes l'appelèrent *rekhta* (4) *mélangé*, eu égard
aux élémens divers dont elle est composée; les Européens la nom-
mèrent *hindoustani*, ou langue propre à l'Hindoustan (5); les naturels enfin retinrent, pour la désigner, le nom national d'*hindi* ou
indien. En effet, tandis que plus de vingt idiomes se partagent les
provinces de l'Inde, dont ils ne dépassent pas les limites respectives,
l'hindoustani est parlé d'un bout à l'autre de la vaste contrée qui
s'étend du cap Comorin à la Boukharie, et des bouches de l'Indus
à la baie du Bengale.

Les Musulmans adaptèrent à l'hindoustani l'alphabet arabe,
cachet religieux qui sert à distinguer les idiomes des sectateurs
de Mahomet (6); tandis que les Hindous, qui se servaient des caractères de leur langue sacrée, auxquels ils étaient pieusement attachés, n'admirent point généralement cette innovation (7).

L'hindouwi survécut à ce nouvel idiome. Il est usité dans les
mêmes contrées qui en ont été le berceau (8); le canton de *Braj* (9)
est sur-tout le lieu où on le parle le plus purement. On a donné
le nom de *braj-bhakha*, ou langue de *Braj*, au dialecte antique
conservé dans cette contrée, aussi célèbre chez les poëtes hindous
que l'Arcadie chez ceux de la Grèce. Ce dialecte est si estimé aujour-
d'hui encore, que les Hindous, à quelque province de l'Inde qu'ils
appartiennent, préfèrent écrire leurs compositions poétiques en ce
langage (10), qu'ils considèrent comme égal au sanscrit en beauté,
plutôt que de les tracer dans leurs idiomes provinciaux.

Quant à l'hindoustani, d'abord simple langue militaire, il devint celle de la cour sous le grand Akbar, fut irrévocablement fixé sous les règnes d'Aurengzeb et Chah-alem par de brillantes compositions, et l'usage s'en répandit graduellement dans toute l'Inde en-deçà du Gange. Dehli et Agra étaient les lieux où on le parlait le plus purement; mais depuis la décadence de l'empire mogol, Laknaü, capitale du royaume d'Oude, paraît être la ville où cette belle langue est le plus cultivée. Spécialement usitée parmi les Musulmans de l'Inde, qui ne s'expriment pas en un autre idiome, elle est familière aussi aux Hindous, qui ont appris à la parler et à l'écrire pour se faire entendre de leurs vainqueurs. Actuellement même, dans les parties de l'Inde soumises à la Compagnie anglaise ou à des princes indiens, quelle que soit d'ailleurs la langue vulgaire du lieu, il ne se trouve aucun village de dix maisons où quelqu'un ne parle cette langue, aucune personne tant soit peu instruite qui ne la connaisse, aucun employé du gouvernement, quelque subalterne qu'il soit, qui ne s'en serve. C'est donc avec raison qu'on peut la considérer comme la langue nationale de l'Inde (11), et qu'on est en droit d'assurer que le voyageur qui a l'avantage de connaître cet idiome, peut parcourir sans interprète la presque totalité de la vaste portion occidentale de l'Inde, comme celui qui savait le latin, à l'époque où la moitié du monde obéissait à Rome, pouvait se faire entendre dans toutes les provinces de l'empire. D'autant plus que les Hindous, ayant l'habitude de parler hindoustani avec les Musulmans, étrangers à leur religion et à leurs usages, ils s'adressent de préférence en cette langue aux Européens, qui, de leur côté, trouvant plus simple d'apprendre l'hindoustani seul, au lieu des diverses langues de l'Inde, ne leur parlent généralement aussi que dans cet idiome de communication.

Des relations des Européens avec les habitans illettrés de l'Hindoustan, tels que les domestiques, les *sipayis*, &c., il s'est formé une sorte de patois, que les Anglais nomment *moors*, et que nous appelons *maure* (12). Ce langage est à-peu-près à l'hindoustani ce que l'arabe vulgaire est à l'arabe littéral. Outre une grande quantité de mots étrangers qui le défigurent, on néglige d'observer, en le parlant, les règles de la grammaire : les genres sur-tout y sont rarement distingués (13). Les Européens qui ont appris la théorie du véritable hindoustani, ne s'expriment jamais dans cet informe jargon, que je ne signale ici que pour prévenir qu'il faut bien se donner de garde de le confondre avec la belle langue dont je vais faire connaître les Rudimens.

II.

Si l'on jette un coup d'œil sur l'immense contrée où l'hindoustani est le lien d'union de cent trente millions d'habitans, c'est-à-dire, d'un huitième de la population du monde, dans une étendue de cent soixante mille lieues carrées, on se convaincra sans peine de la haute importance de cet idiome en lui-même. Et si l'on fait attention que la France possède encore des établissemens dans ces lointains parages, où elle eut, sous la Bourdonnais et Dupleix, de si belles possessions, un pouvoir si étendu, une prépondérance si marquée, on reconnaîtra toute l'utilité de l'hindoustani pour la politique et le commerce de notre patrie. Il est vrai que différens dialectes provinciaux sont usités dans nos colonies : mais, je l'ai dit, l'hindoustani est la langue de l'Inde en-deçà du Gange (14); cet idiome est donc aussi répandu à Chandernagor (15), à Pondichéry et à Surate, qu'à Calcutta, à Madras et à Bombay.

Aussi, et les indigènes et les Européens qui tour à tour ont vu flotter leurs étendards victorieux dans ces contrées, n'ont-ils pas manqué de cultiver cette langue de réunion. Les Hindous tant soit peu aisés la font apprendre à leurs enfans, et entretiennent souvent chez eux un *mounchi* (16) musulman chargé de ce soin. Les Portugais, qui, les premiers des habitans de l'Europe, ont eu des établissemens dans l'Inde, n'ont point négligé de s'en occuper (17). Les Hollandais et les Danois (18) ont suivi leur exemple. Les Français ont aussi étudié cette langue, sur-tout à l'époque où ils partageaient avec les Anglais le sceptre de la puissance dans les Indes (19).

Dans ces dernières années, un jeune administrateur, plein de talent et de zèle, M. le vicomte Eugène Desbassayns de Richemont, a, par des créations nouvelles, encouragé dans l'Inde française l'étude de l'hindoustani, qu'il a lui-même cultivé avec succès. Pondichéry doit à ses soins empressés une institution d'*enfans de langue* (20), pareille à celle de Constantinople où l'on forme des interprètes pour les Échelles du Levant. Cette institution, dirigée par M. Bourgoin, receveur des domaines, jeune homme fort distingué et très versé dans l'hindoustani, est destinée à fournir aux différentes branches du service administratif et judiciaire des états de l'Inde, des sujets qui sachent parfaitement les langues du pays. Les élèves sont tenus d'apprendre l'hindoustani, et on leur fait subir, sur cette langue, de sévères examens. On ne se borne pas à les exercer à la conversation, et à les mettre à même d'écrire une lettre, on leur fait connaître encore les richesses littéraires de l'hindoustani, et les lois malabares et musulmanes. L'hindoustani fait aussi partie intégrale et essentielle de l'enseignement dans le collége royal que M. le vicomte Eugène Desbassayns a créé à Pondichéry, en 1826, et qui compte aujourd'hui trente-quatre élèves.

L'Angleterre, maîtresse ou arbitre de toute la presqu'île occidentale de l'Inde, devait naturellement, plus que tout autre peuple de l'Europe, s'occuper de l'hindoustani, dont son habile politique lui a fait découvrir toute l'importance. En effet, dans l'espace de peu d'années, des grammaires et des dictionnaires de tout genre et de tout format ont vu le jour à Calcutta et à Londres (21), et les chefs-d'œuvre de la littérature hindoustani sont sortis de la presse à leur tour.

Mais la Compagnie anglaise des Indes orientales ne s'est pas bornée à publier ou à encourager la publication des ouvrages hindoustani; elle donne encore à tous les jeunes gens qui entrent à son service, les moyens d'apprendre cette langue avant leur départ de l'Angleterre, et sur les lieux.

En Angleterre, dans les deux colléges de la Compagnie des Indes, le civil d'Haileybury, le militaire d'Addiscombe, d'habiles professeurs, les Shakespear, les Stewart, les Haughton, enseignent cet utile idiome. Le célèbre docteur Gilchrist le professe dans l'université de Londres, et d'autres orientalistes distingués en développent aussi les principes dans des établissemens particuliers. Sur les lieux, de savans *mounchi* exercent à la pratique les employés civils et militaires de la Compagnie, qui s'empressent tous de se livrer à l'étude de cette langue importante, sûrs que l'ignorance de cet idiome est un obstacle à leur avancement (22). C'est ainsi que l'hindoustani, généralement connu de tous les Anglais qui sont dans les Indes, leur permet de communiquer facilement avec les naturels, et a contribué sans doute à accroître leur puissance (23), qui s'est plus étendue encore par les voies de la conciliation que par celle des armes et de la terreur.

III.

Quoiqu'il n'entre point dans mon sujet de traiter de la littérature hindouwi et braj-bhakha, je ne puis me dispenser néanmoins d'en dire ici quelques mots. Il n'y a guère, en hindouwi, que des poésies légères. Deux genres y sont sur-tout usités : les *dohras*, qui ne sont autre chose qu'un distique dont les deux vers riment ensemble, et qui ont beaucoup d'analogie avec les *mawals* arabes et nos madrigaux ; et les *kabits*, petits poëmes de plusieurs vers de différentes mesures, qui ressemblent assez à nos odes (24). Une troisième sorte de poëme tout-à-fait particulière à cet idiome, c'est le *moukri*. Il consiste en quatre vers : dans les trois premiers, le poëte met en scène une femme qui semble s'entretenir de son amant ; dans le quatrième, un interlocuteur la questionne sur le sujet de son discours, et la réponse, contenue dans le même vers, doit porter sur tout autre objet (25).

Les poëtes hindouwi les plus estimés sont, Sourdas, que ses compatriotes ont surnommé *poëte divin*, et dont les hymnes occupent le premier rang dans cette littérature (26) ; Toulsi, célèbre auteur d'un Ramayana ; Bihari, le Thompson de l'Inde, à qui on doit le poëme intitulé *Satsaïa*, dont les Hindous citent sans cesse des fragmens, et qui a mérité d'enrichir leur langue sacrée (27).

Si l'on ajoute à ces poésies quelques traductions du sanscrit, telles que le *Rajniti* (28) et un petit nombre d'autres, on pourra se former une idée de cette littérature, dont les Européens ne se sont que bien peu occupés jusqu'ici.

J'ai à parler actuellement de la littérature hindoustani ; car je n'ai pas besoin de dire que le jargon nommé *maure* n'a pas de littérature, quoiqu'il s'y trouve cependant, comme dans tous les patois de l'Europe, quelques chansons grossières (29). Cette littérature, composée d'ouvrages originaux, et de traductions, la plupart du persan, n'a guère été cultivée que par des Musulmans. Elle fait donc partie de la littérature musulmane, c'est-à-dire, de celle des Arabes, des Persans, des Turcs, des Malais, &c., de tous les peuples enfin dont le Coran règle la croyance. Ces littératures diverses ne forment en effet qu'un seul genre, à-peu-près comme, avant le XIX.ᵉ siècle, les littératures de l'Europe latine ne formaient, jointes à celles de Rome et d'Athènes, qu'une seule littérature que l'on a nommée classique. Et, sans parler ici des ouvrages didactiques et historiques, qui, chez toutes les nations, sont inspirés par les mêmes vues et animés de la même logique, je puis dire que les différentes espèces de productions poétiques usitées dans la littérature musulmane, se réduisent à un petit nombre. On n'y trouve ni épopée, ni drame; et les noms que l'on y donne aux diverses sortes de poëmes, ne dénotent pas, comme chez nous, la matière, mais la forme des vers. Tels sont les *mesnévis*, qui se composent de vers de mesure égale, et dont la rime varie à chaque vers et a lieu entre les hémistiches; les *cacidahs*, qui consistent aussi en vers de mesure égale et sur une seule rime; les *gazelles*, qui suivent la même règle, si ce n'est qu'elles sont ordinairement plus courtes que les *cacidahs*, et que le poëte a soin le plus souvent de placer adroitement son nom au dernier vers. Au premier genre appartiennent toujours les longs poëmes; au second, les poëmes courts, tels que les épîtres, élégies, satires, &c.; enfin, on ne saurait mieux comparer les *gazelles* qu'à nos odes. A l'imitation des Persans, les poëtes mogols tiennent en général à honneur de faire un grand nombre de *gazelles*, dont les rimes parcourent tour à tour toutes les lettres de l'alphabet. La collection de ces pièces de poésie se nomme *divan* (30).

Je n'essaierai pas de tracer, dans ce coup-d'œil rapide, les règles de la prosodie hindoustani; il me suffira de dire qu'elle est la même que la prosodie arabe et persane, que plusieurs bons ouvrages ont fait connaître (31). Quant au fond, les poëtes mogols ont, comme les poëtes turcs, imité les écrivains de l'Iran. Aussi règne-t-il dans presque toutes leurs poésies, comme dans celles de leurs modèles, un ton religieux, je dis plus, un ton mystique que l'on trouve rarement dans les nôtres. La bougie enflammée nous y représente le feu sacré de l'amour de Dieu, ce même feu que jadis les Vestales entretenaient, et auquel les sectateurs de Zoroastre rendaient un culte. Le papillon, ivre d'amour, vient se précipiter dans la flamme et y périt, comme le fervent anachorète meurt au monde pour ne vivre qu'en Dieu.

Ici le rossignol (32), autre image du contemplatif, vient auprès de la rose, emblème de la divinité, se plaindre des tourmens de l'amour : malgré les épines aiguës, il s'approche de l'objet sacré de son adoration, et bientôt il perd le sentiment et expire de plaisir aux pieds de son idole.

Là le lotus, au milieu des flots, est cependant dévoré de la soif la plus ardente ; pareil à l'homme qui, éclairé du flambeau de la science humaine seule, ose *pénétrer dans des abîmes qui n'ont ni fond ni rives,* et se voit souvent forcé de regretter son ignorance première (33).

Je m'arrête..... Pour faire connaître toutes les figures dont se servent les poëtes de l'Orient, dans le but de peindre l'union spirituelle de l'homme à Dieu, il faudrait parcourir successivement les divers objets de la nature, qui tous ont donné lieu à des allusions plus ou moins ingénieuses.

Les romans orientaux sont empreints de cette teinte mystique. Le but même, en les traçant, n'est que de rappeler à l'homme sa noble destination et les moyens d'y parvenir. L'histoire des amours les plus passionnées, celles de Joseph et Zuléïkha, de Vamek et d'Azra, de Ferhad et Chirin, ne sont, comme le Cantique des cantiques de Salomon, que des ouvrages allégoriques, où les poëtes chantent l'union de l'esprit de Dieu à l'ame pieuse. C'est là que se peint bien l'état de l'homme ici bas, tour à tour élevé jusqu'à son créateur et entraîné vers la terre. Le flambeau de l'érudition ne saurait dissiper l'obscurité de ces poëmes ; on a besoin d'une autre lumière. Tandis que le vulgaire saisit la lettre, le sage comprend l'esprit et suit la marche du poëte dans le monde intellectuel (34).

Dans leurs ouvrages, les Musulmans paraissent même ne mettre de l'intérêt qu'à ce qui peut se rapporter à l'auteur de la création; c'est alors seulement que leurs idées sont grandes, que leur style est sublime et majestueux. Le célèbre Nizami a bien exprimé l'opinion générale de ses co-religionnaires, lorsqu'il a dit, en s'adressant à Dieu :

« Il vaut mieux ne pas ouvrir la bouche que de parler d'un » autre que toi ; il vaut mieux laisser dans l'oubli ce qui n'a point » de rapport à toi (35). »

Je ne pourrais parler ici en détail de tous les écrivains hindoustani qui ont acquis une réputation méritée, sans dépasser les bornes naturelles de cet avant-propos, ou offrir une sèche nomenclature. Je me bornerai à citer les principaux.

Il existe dans les Indes, en Angleterre (36), et à la bibliothèque du Roi, précieux dépôt de richesses en tout genre, plusieurs ouvrages historiques écrits en hindoustani, d'une date récente, à la verité, mais dont quelques-uns sont originaux. Parmi ces derniers, je puis désigner la *Vie de Nanek*, célèbre fondateur de la secte des *Sikhs*, ouvrage dont la bibliothèque du Roi possède un bon manuscrit, et la *Statistique et l'histoire de l'Hindoustan*, de Cher-Ali-Afsos, imprimée à Calcutta (37). Quoique ce dernier ouvrage ait pour base un livre persan (38), on peut le considérer néanmoins comme original, soit à cause de la quantité de faits puisés à d'autres sources, qu'on a l'avantage d'y trouver réunis, soit parce que le jugement sain de l'auteur mogol a souvent réfuté les assertions hasardées de l'écrivain persan, et rectifié ses erreurs.

Mais si la littérature hindoustani offre peu de volumes historiques aux investigations des savans, elle abonde en poésies remarquables qui lui ont assuré une place distinguée parmi les littératures de l'Asie (39). Je citerai parmi les auteurs les plus célèbres dans ce genre de compositions, Khousraü, le plus ancien poëte hindoustani, qui vivait à Dehli, dans le xiv.ᵉ siècle, sous le sultan

Pathan Touglac-chah ; Wali, qui florissoit sous Aurangzeb, et qui a laissé un divan estimé (40); Saüda, auquel ses compatriotes ont donné le titre de *prince des poëtes* (41). Cet illustre écrivain vivait sous les règnes d'Alam-guir II et de l'infortuné Chah-alam, qu'il a célébrés dans ses vers. Les plus remarquables de ses poésies sont des satires. Le préfet de police de Dehli (42), et le mariage ridicule d'une jeune fille avec un vieillard (43), lui ont fourni en ce genre deux thèmes qu'il a habilement exploités. Son divan ressemble beaucoup à celui de Hafiz ; il est écrit avec autant d'enthousiasme et de chaleur lyrique.

J'indiquerai encore Mir-Taki, contemporain de Saüda, le plus fertile des poëtes de l'Hindoustan (44), dont on a pu apprécier l'esprit original et malin, par la traduction que j'ai donnée de ses *Conseils aux mauvais poëtes;* Jawan, auteur d'une histoire de *Sacountala*, et d'un poëme remarquable intitulé *les Douze mois,* où il peint de couleurs vives et variées les six saisons indiennes, les fêtes et les cérémonies usitées chez les Musulmans et les Hindous, aux diverses époques de l'année. Ce poëme, qui ressemble beaucoup à celui des *Fastes* d'Ovide, ne saurait être classé parmi les ouvrages futiles, fruits d'un esprit léger ou d'une imagination déréglée. Il joint à l'intérêt d'une dissertation profonde, celui d'une diction pure et d'une poésie de sentiment.

Je serais insensible aux charmes de la belle poésie, si je ne citais encore Dard, Figan, Yakin, Hidaïat, Tapich, Jourat et Miskin, dont le docteur Gilchrist et le capitaine Taylor ont fait connaître des fragmens remarquables par la beauté des pensées et l'élégance des expressions ; Soz, dont le divan mystique a mérité d'être livré aux presses de Calcutta; Malik-Mohammed, Anjam et Afzal, qui ont écrit et en hindouwi et en hindoustani ; Haçan enfin, auteur du célèbre roman en vers intitulé *la Magie de l'éloquence,* où il décrit, avec le merveilleux des Mille et une Nuits, les amours du prince *Benazir* avec la belle *Badr mounir.*

3

Plusieurs autres romans originaux enrichissent aussi la littérature hindoustani. Je me contenterai de mentionner le *Goul-i bakawali*, ouvrage remarquable, et pour le fond des pensées, et pour le style qui l'embellit.

En fait de traductions ou d'imitations du persan en vers, je dois indiquer un roman qui roule sur les amours malheureuses de Mejnoun et Léila, que tant de poëtes orientaux ont célébrées ; l'histoire intéressante de *Bahram-gour*, imitée du *Haft-païkar*, de Nizami (45) ; enfin le joli poëme de *Camroup et Camkela* (46), traduit d'abord du sanscrit en persan, et ensuite du persan en hindoustani. Parmi celles qui sont en prose ou entremêlées de vers et de prose, je me bornerai à signaler la version hindoustani de l'*Hitoupadeça*, faite d'après le *Moufarrah-ul-couloub* (47) ; celle des Fables de Bidpaï, composée sur l'*Aïar-Danich*, du savant Abou-Fazl (48) ; l'élégante traduction du *Gulistan*, par Afsos, écrivain distingué que j'ai déjà cité, à laquelle on fait néanmoins le reproche de contenir trop de mots persans, défaut qui ne se trouve pas dans une autre traduction hindoustani qui existe en manuscrit à la bibliothèque du Roi ; enfin, *le Jardin et le Printemps*, ou *Aventures de quatre derviches*, joli roman que l'on considère comme l'ouvrage le mieux écrit en prose hindoustani, et dont L. Ferd. Smith a enrichi la littérature anglaise (49). Et je dois faire observer ici qu'outre l'intérêt intrinsèque qu'offrent les traductions du persan en hindoustani, comme elles sont faites par des personnes qui ont les mêmes mœurs et la même religion, elles ne peuvent qu'être exactes, et ainsi servir admirablement à l'intelligence des textes originaux (50). J'en ai fait moi-même l'expérience à l'égard du Gulistan.

On peut ajouter aux traductions dont je viens de parler, un petit nombre d'ouvrages d'imagination traduits, les uns de l'arabe, tels que le roman philosophique intitulé *Ikhouan ous-safa* (51), et les autres, du *braj-bhakha*, tels que le *Baïtal patchici*, et le *Sin-*

ghaçan battici (5 2). Ces deux derniers ouvrages , quoique écrits par des Hindous en caractères *dévanagari,* n'en sont pas moins en bon hindoustani, et n'en suivent pas moins régulièrement les formes grammaticales de cette langue. Cette remarque peut s'appliquer à tous les écrits tracés par les Hindous , et à l'hindoustani qu'ils parlent. Leur langue est la même que celle des Musulmans , bien qu'elle diffère dans le choix des noms et des adjectifs, que ceux-ci tirent souvent du persan ou de l'arabe , tandis que les Hindous les empruntent au sanscrit.

Je terminerai ici mes réflexions : je les crois propres , par leur exactitude , à donner une juste idée de l'hindoustani, et à faire apprécier toute l'utilité de ce bel idiome et l'intérêt littéraire qui en rehausse l'importance.

NOTES.

(1) Mon intention n'est pas de dire que l'*hindouwi* dérive du sanscrit. Cette langue, aussi bien que le *braj-bhakha* et l'hindoustani, contient une très-grande quantité de mots sanscrits ; mais il ne s'ensuit pas qu'elle en dérive. L'*hindouwi* pouvait exister avant l'introduction dans les Indes de la langue des Védas, à laquelle il emprunta plus tard un grand nombre de mots. Telle est du moins l'opinion des Hindous et du célèbre W. Jones, que le savant Colebrooke n'a pas contredit. Il n'entre point dans mon plan de traiter ici cette grande question que j'ai effleurée ailleurs (*Quelques mots sur le braj-bàkha; Journal asiatique,* tom. IX, pag. 274 et suiv.). Il me suffira de dire que, pour s'occuper de l'*hindouwi,* il n'est pas absolument nécessaire de savoir le sanscrit, comme on peut bien apprendre l'italien sans savoir préalablement le latin. Broughton a traduit un choix de poésies hindouwi, sans savoir un mot de la langue sacrée des Indes. Voyez Broughton's *Selections from the popular poetry of the Hindoos,* pag. 24; Hadley's *Grammar,* pag. ix, x; Colebrooke's *Dissertation on the sanscrit and pracrit languages (Asiatic Researches,* tom. VII, p. 320); *Ayeen Akbery,* tom. II, pag. 38, édit. in-8.º

(2) On donne le nom particulier de *khari boli* کهری بولی à l'ancienne langue parlée dans les villes de Dehli et d'Agra, toujours en usage parmi les Hindous de ces cités. L'histoire de Krichna, intitulée *Prem sagur,* est écrite en ce dialecte. Voyez Gilchrist's *the hindee Roman orthoepigraphical ultimatum,* pag. 20, Calcutta, 1804; *Prem sagur, &c., translated into hinduvee from the brij bhasha, &c.* Calcutta, 1810.

(3) Voyez l'extrait d'Amman de Dehli, que j'ai inséré à la suite des Rudimens, et la préface du *Bagh o Bahar,* pag. 4. Cher-Ali-Afsos, *Araïch-i mahfil,* pag. 56, dit aussi, en parlant du marché de Dehli : « C'est là que l'hindoustani a pris naissance » ہے اردوکی بولی کا ماخذ وہی

(4) L'auteur mogol de la *Biographie des poëtes de l'Hindoustan* explique ce mot comme s'appliquant proprement aux poésies hindoustani écrites selon les mètres persans. Voyez Colebrooke's *Dissertation on the sanscrit and pracrit languages (Asiatic researches,* t.VII, pag. 223).

(5) Stewart's *Descriptive Catalogue of the oriental library of Tippoo sultaun of Mysore,* pag. 178.

(6) Telles que le persan, le turc, le malais, le pouchtou, le madégasse, &c. On sait aussi que les Maures d'Espagne écrivaient l'espagnol en caractères arabes. Voyez la

Notice qu'a donnée M. le baron de Sacy de deux manuscrits espagnols écrits en caractères arabes, dans les *Notices et extraits des manuscrits*, tom. IV.

Les Ouïgours sont le seul peuple musulman qui n'ait pas adopté l'écriture arabe, parce que, s'il faut en croire Ibn-Khaldoun (*Prolégomènes*, liv. IV, ch. 12; p. 141 *verso* du manuscrit de la bibl. du Roi), « ils n'étaient pas Musulmans lorsque leur langue, » telle qu'elle est actuellement, existait déjà. »

Il est digne de remarque que les différentes nations qui habitent l'Orient, obligées de parler la langue de leurs vainqueurs, ont cependant retenu en général, pour l'écrire, les caractères de leur langue propre, ce que l'on peut attribuer, soit à des préjugés religieux, soit au desir de soustraire leurs écrits à la connaissance de ceux qui n'appartiennent pas à leur religion. Ainsi les Juifs emploient, en Orient, des caractères hébreux pour écrire l'arabe, comme en Europe, pour écrire l'allemand ou l'espagnol, les chrétiens syriens et coptes écrivent la même langue en caractères syriaques ou coptes; les Arméniens écrivent le turc en caractères arméniens; les Grecs mêmes se servent quelquefois, pour l'écrire, des caractères grecs.

(7) Et de même que les Musulmans emploient le caractère persan nommé *chikasta* شکسته , ou *brisé*, parce que les lettres en sont méconnaissables, les Hindous se servent, de leur côté, du caractère corrompu qu'ils nomment *nagri*, pour le moins aussi défiguré. « The *nagari* is the corrupt writing used by Hindus in all common trans-» actions where *hindi*, is employed by them and a still more corrupted one, wherein » vowels are for the most part omitted, is employed by bankers and others in mer-» cantile transactions. » Halhed's *Preface to the Code of Gentoo laws.*

(8) Voyez l'introduction de l'ouvrage intitulé *General Principles of inflexion and conjugation in the braj bhakha, &c.* Voyez aussi Stewart's *Catalogue of the oriental library of Tippoo, &c.*, pag. 182, et mes *Quelques mots sur le braj-bhakha*, dans le *Journal asiatique*, tom. IX, pag. 274 et suiv.

(9) « *Braj*, l'Arcadie de l'Inde, est le nom du pays qui s'étend à trente lieues autour de Matura, dans toutes les directions. Ce lieu fut le théâtre des aventures de *Krichna* (apparition de Wichnou). Les Hindous y considèrent comme sacrés plusieurs endroits qui furent fréquentés par l'Apollon indien et les *Gopies*, que l'on peut comparer aux Muses, et ils y vont actuellement encore en pélerinage. » T. D. Broughton's *Selections from the popular poetry of the Hindoos*, pag. 151.

(10) Voyez *General Principles of inflexion and conjugation in the braj bhakha*, introduction, pag. iij.

(11) Je ne fais que répéter ici ce que j'ai lu et entendu dire cent et cent fois. L'illustre W. Jones traita légèrement de jargon (dans la préface de sa *Grammaire persane*), cette langue qu'il ne connaissait pas alors; mais il changea bientôt de sentiment dès qu'il l'eut apprise. Voyez Gilchrist's *Preface to the english-hindoostánee Dictionary*, pag. xxvj et xxxiij, Calcutta, 1787, où l'on trouve une gazelle hindoustani traduite

par Jones, gazelle que l'on peut lire aussi dans le tome I des *Asiatic Researches*, et dans la traduction française, tom. I, pag. xcvj.

Deux courtes citations seront cependant mes pièces justificatives.

« Les sujets du Mogol (dit Amman de Déhli, dans sa préface du *Bag o bahar,* pag. 3), soit hindous, soit musulmans, grands et petits, hommes, femmes et enfans, ne s'expriment pas autrement qu'en hindoustani. »

اردو کی لوگ هندو مسلمان عورت مرد لڑکی بالی خاصّ وعامّ آپس میں (هندوستانی)
بولـــتی چـالـــــتی هـــــیں

Le savant indianiste Colebrooke, dont on ne saurait suspecter l'autorité, dit aussi, en parlant de cet idiome important : « An elegant language which is used in *every* part of *Hindustan* and the *Dekhin ;* which is the *common* wehicle of colloquial *intercourse* among well educated natives and among the illiterate also in many provinces of India, and vhich is almost *every where* intelligible to some among the inhabitants of every village. » *Dissertation on the sanscrit and pracrit languages* (*Asiatic Researches*, t. VII, pag. 223).

(12) On désigne aussi sous ce nom l'hindoustani proprement dit. Les Portugais, croyant apparemment que tous les Musulmans étaient des Maures, donnèrent ce nom aux Mogols, et par suite à leur langue.

(13) Lebedeff et Hadley ont publié des grammaires de ce jargon, qui peuvent être utilement consultées.

(14) « A lingua indostana he a mais commua em toda a penilha da India. » *Gram. indost.* pag. 3. « Dans toute l'Inde, on parle le maure (ou hindoustani). » Sonnerat, *Voyage aux Indes orient.* tom. I, pag. 224, édit. in-8.º de 1782.

(15) C'est à Chandernagor qu'Ouessant, interprète-juré de la Compagnie française des Indes orientales, cultivoit l'hindoustani. On conserve parmi les manuscrits de la bibliothèque du Roi, une grammaire hindoustani et un dictionnaire français-hindoustani, écrits par Ouessant, mais qui paraissent n'être que la traduction de l'ouvrage de John Fergusson, intitulé *Dictionary of the hindostan language in two parts :* 1.º *English and hindostan,* 2.º *Hindostan and english, to which is prefixed a grammar of the hindostan language ;* London, 1773.

(16) Il n'est pas inutile d'observer que, dans les Indes, les maîtres de persan et d'hindoustani se nomment *mounchi* منشی ; ceux d'arabe, *moulla* ملّا, et ceux de sanscrit, *pandit* پنڈت.

(17) Il existe une assez bonne grammaire portugaise-hindoustani, malheureusement en caractères latins, *à l'usage des Missionnaires,* imprimée à Rome en 1778, et réimprimée à Lisbonne en 1805. Je viens d'en invoquer l'autorité.

(18) Dès 1743, David Millius, d'Utrecht, publia un travail sur cette langue, dans son ouvrage intitulé *Dissertationes varia antiquitatis orientalis capita exponentes, &c.*

Lugd. Bat., d'après les matériaux recueillis par l'ambassadeur hollandais *Ketelaer*, à la cour du Grand Mogol, à Agra. Deux ans après, un Allemand nommé *Schulz*, qui avait exercé les fonctions de missionnaire dans le midi de l'Inde, publia de son côté, à Halle, un travail plus complet, sous le titre de *Grammatica hindostanica*.

(19) J'ai déjà cité les travaux d'Ouessant. L'illustre Anquetil-Duperron avait annoncé la publication d'une grammaire hindoustani, d'un dictionnaire hindoustani-français-latin, et d'un dictionnaire français-hindoustani. « Il me reste, dit-il (dans son ouvrage intitulé *l'Inde en rapport avec l'Europe*, pag. xxv, et voyez aussi p. 224 et suiv.), à donner au public les dictionnaires indoustan qui sont dans mes cartons, attendant une simple rédaction. L'Europe savante jouira de ces ouvrages, si le ciel m'accorde encore quelques années. » Ces ouvrages précieux n'ont jamais vu le jour; mais le dictionnaire hindoustani-latin-français existe en manuscrit à la bibliothèque du Roi, au milieu d'un assez bon nombre de manuscrits hindoustani qui ont été rapportés des Indes par le même Anquetil, et par Brueys, Ouessant, Gentil, et le célèbre et malheureux Polier, qui possédait à fond la langue hindoustani. (*Mythologie des Hindous*, préface, pag. 14.)

(20) Ordonnance du 29 octobre 1827. Voyez *Archives administratives* (de Pondichéry), 1827, n.° 13, pag. 194 et suiv.

(21) Il suffit de jeter un coup-d'œil sur les listes des ouvrages imprimés à l'*Hindoostanee press* de Calcutta; sur les catalogues de Parbury et Allen, de Howell et Stewart, &c., pour reconnaître la vérité de ce que je dis ici. Les meilleurs de tous ces ouvrages sont la Grammaire de Shakespear, le Dictionnaire hindoustani-anglais du même auteur, et le Dictionnaire anglais-hindoustani de Gilchrist (Calcutta, 1787).

(22) Act. VII de Georges IV, chap. 56. — Ordre du gouverneur général du Conseil, au Bengale, Fort-William, 11 décembre 1798. — Décision de la cour des directeurs de la Compagnie, du 4 novembre 1818, &c. &c.

(23) Ainsi « Dupleix, homme de génie, grand par lui-même, a dû, malgré cela, une partie de ses succès à sa femme, qui savait la langue du pays, écoutait tout le monde, et entretenait des intelligences dans les terres, à l'insu des interprètes noirs. » Anquetil-Duperron, *l'Inde en rapport avec l'Europe*, tom. I, pag. 254.

(24) Voyez des détails curieux sur cette matière, dans la préface de l'ouvrage de Broughton, intitulé *Selections from the popular poetry of the Hindoos*.

(25) Voici un exemple de ce genre de poëme, tiré de la Grammaire hindoustani de Gilchrist, pag. 48 :

« Je l'ai eu toute la nuit sur mon sein ; j'ai joui de chacun de ses charmes, jusqu'au moment où l'aurore a éclairé ma couche...... De qui parlez-vous donc ! de votre amant !.... Non, mon cher, d'un bouquet de roses. »

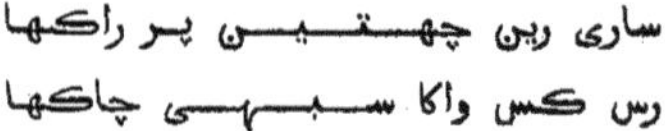

بهور بهيو تـــب ديـــنـــفـــو ڈار
کيا سکهی ساجن نهين سکهی هـار

Voyez un autre exemple de ce genre de poëme dans l'article de M. de Chézy sur le dictionnaire hindoustani de M. Shakespear, *Journal des Savans*, 1817, pag. 532.

(26) La bibliothèque du Roi en possède deux manuscrits en caractères persans. Il est bon d'observer ici qu'il n'est pas rare que les Hindous écrivent l'hindoustani en caractères persans, mais que les Musulmans ne se servent jamais des caractères hindous. (Voyez la Grammaire manuscrite d'Ouessant.)

Sourdas était aveugle comme Homère, Milton et Delille; il vécut sous l'empereur Akbar et jouit de la faveur de ce prince éclairé. Les Hindous disent de lui qu'il recevait plus de lumière de ses yeux intellectuels qu'aucun autre mortel de ses yeux corporels.

(27) L'auteur de cette traduction est *Hériprésada Pandita*. Il la fit sous les auspices de *Chet Sinh*, raja de Bénarès. Voyez Colebrooke's *Dissertation on the sanscrit and pracrit languages* (*Asiatic Researches*, tom. VII, pag. 220).

(28) *Rajneeti, or Tales exhibiting the moral doctrines, and the civil and military policy of the Hindoos*, translated from the original sanscrit *of Narayun pundit*, into brij bhasha, *by sree Lulloo Lal Kub*. Calcutta, 1809. Voyez, dans l'*Ayeen Akbery*, tom. I, pag. 465, édit. in-8.°, une notice de cet ouvrage.

(29) On trouve deux chansons populaires, en maure, dans Hadley's *Grammar*, pag. 75, 76.

(30) Il y en a un grand nombre en hindoustani. Ceux de *Saüda* et de *Wali* sont les plus estimés.

(31) On peut consulter à ce sujet la *Prosodia arabica*, de Samuel Clarke, les *Dissertations on the rhetoric, prosody and rhyme of the Persians*, par Gladwin, et l'ouvrage d'Ewald, intitulé *de Numeris carminum arabicorum*, &c.

(32) Les poëtes hindous préfèrent mettre en scène l'abeille. Bihari a dit : « Si le bouton incolore qui n'a ni douceur ni parfum sait captiver l'abeille, que deviendra-t-elle lorsqu'il épanouira son calice ! »

نهين پرآگ نهين مدهرمد نهين بکاس یهی کال
الی کلی ہی تی بدهیو یهـــوی کـون احـــوال

(33)   Quæsivit cœlo lucem, ingemuitque repertâ.

                                    VIRGILE, *Æneid.* IV, 692.

(34)   O voi ch' avete gl' intelletti sani,
               Mirate la dottrina che s' asconde
               Sotto 'l velame degli versi strani.

                                 DANTE, *Inf.* IX, 61—3.

(35) هركه نه گويا بتو خواموش به   هرچه نه ياد تو فراموش به

(36) Voyez Stewart's *Descriptive catalogue of the oriental library of Tippoo*, *&c.*; Guise's *Catalogue of a collection of manuscripts collected in Hindoostan*, *&c.*; Fraser's *History of Nadir schah; with a catalogue of about 200 mss. brought from the east*, *&c.* Wilson's *Descript. cat. of the or. mss. collected by Mackenzie.*

(37) On peut lire ce que j'ai dit de cet ouvrage, dans l'article que j'ai consacré aux *Muntakhabat-i hindi*, de M. Shakespear, *Journal asiatique*, tom. VIII, p. 239 et suiv. Voyez aussi les morceaux que j'en ai traduits, même Journal, tom. IX, pag. 97 et suiv. et tom. XI, pag. 94 et suiv.

(38) Le خلاصه‌ء التواريخ, par Soujan Raï. La bibliothèque du Roi en possède un manuscrit, mais qui ne peut être de presque aucune utilité, tant il est négligemment écrit, surchargé de ratures, et déparé par des lacunes. Heureusement j'en ai un exemplaire plus correct dans ma collection particulière.

(39) On peut consulter la *Biographie des poëtes musulmans de l'Inde*, par Fath Ali Hoçaïni, intitulée تذكره‌ء شعرا هندى, et la *Biographie des poëtes hindoustani*, par Ali Ibrahim Khan, juge de Bénarès, intitulée گلزار ابراهيم, où l'on trouve la vie de trois cents poëtes environ, et des extraits de leurs ouvrages.

(40) La bibliothèque de la Société asiatique de Paris possède un manuscrit de ce divan, qu'elle doit à la munificence de lord Kingsborough.

(41) On a publié à Calcutta les œuvres choisies de ce grand poëte. La bibliothèque du Roi en possède un manuscrit complet, chef-d'œuvre de calligraphie. Le véritable nom de cet homme célèbre est Mohammed Rafia; mais comme il s'était attiré de violens ennemis par ses satires trop remarquables, il contrefit l'insensé pour éviter leur colère, et prit le surnom poétique de Saüda سودا, qui signifie *insensé.* Il mourut à Laknaü, en 1790 : il était né à Dehlî.

(42) Pag. 146 et suiv. de l'édition de Calcutta.

(43) Le docteur Gilchrist a cité quelques vers de cette satire dans sa *Grammaire hindoustani*, pag. 54.

(44) Ses œuvres ont été imprimées à Calcutta, en 1811. Elles forment un volume grand in-4.° de 1088 pages. Voyez ce que j'ai dit de cet écrivain, dans le *Journal asiatique*, tom. VII, p. 300, et dans ma brochure intitulée *Conseils aux mauvais poëtes.*

(45) On en trouve un fragment dans la *Grammaire hindoustani* de W. Price, Londres, 1828, p. 30 et suiv.

(46) J'ai dans ma collection particulière un joli exemplaire manuscrit de la traduction hindoustani de ce poëme, et une copie du texte persan.

(47) Voyez la notice que M. le baron Silvestre de Sacy a donnée de cet ouvrage dans le tome X des *Not. des manusc. de la biblioth. du Roi*, p. 226 et suiv., et le Mémoire du même savant sur les fables de Bidpaï, dans son édit. de *Calila et Dimna*, p. 52.

(48) Voyez le mémoire susdit, pag. 47 et suiv.

(49) Voyez, sur cet ouvrage, la préface de Smith, et ce qu'en dit le savant H. H. Wilson dans l'introduction qu'il a placée en tête des *Oriental Proverbs*, de Rœbuck, p. xviij.

M. Gautier d'Arc a donné, dans sa belle édition des *Mille et une Nuits*, la traduction des aventures du premier derviche, sous le titre de *le Cordonnier et la Fille du roi*.

(50) Parmi les traductions qui ont été faites du persan en hindoustani, on compte la relation d'un voyage exécuté par un Musulman de l'Inde, en France et en Angleterre, en 1765. Cette relation, écrite d'abord en persan, et dont la Société asiatique de Paris possède un exemplaire, a été traduite en hindoustani par Chamchir Khan et M. Alexander, auteur des *Travels from India to England, &c.*, et publiée, en 1827, à Londres, sous le titre de *Shigurf namah*, avec une traduction anglaise. L'ouvrage en lui-même me paraît intéressant ; mais la version hindoustani, qui n'est d'ailleurs pas un chef-d'œuvre, contient un grand nombre de fautes typographiques. Les mots arabes sur-tout y sont généralement défigurés ; ainsi on y lit : الّه et اسد pour الله , حوارحون pour حواريون , تضديع pour تصديع , &c. Il est fâcheux que le nom même de l'auteur soit écrit fautivement au frontispice de l'ouvrage et par-tout ailleurs : croirait-on jamais que Itisa Modeen soit la transcription de اعتصام الدين !

(51) « Il y a, dit d'Herbelot dans sa *Bibl. or.*, un livre de grande réputation parmi les Arabes, intitulé *Reçaïl ikhouan as-safa*, c'est-à-dire, *les Lettres des amis sincères*. Elles sont au nombre de 50, sur toutes les matières de la philosophie, et sur plusieurs traités de la théologie musulmane ; il y en a une 51.e ajoutée, qui contient l'abrégé des autres.

L'auteur ou les auteurs de ces lettres sont demeurés inconnus. On dit seulement que *Zéid ben-Rafaat*, qui vivait vers l'an 373 de l'hégire, avait ramassé plusieurs gens d'esprit et savans qui faisaient profession de n'être attachés à aucune secte particulière, lesquels, les ayant composées, cachèrent leurs noms et les publièrent sous celui de *Frères*. »

Le roman philosophique hindoustani n'est qu'une portion de l'ouvrage dont parle d'Herbelot. Le texte arabe de cette même portion a été imprimé à Calcutta, sous le titre de تحفة اخوان الصفا .

(52) Voyez ce que j'ai dit de ces deux ouvrages dans mon article sur les *Munta-khabat-i hindi*, de M. Shakespear, *Journal asiatique*, tom. VIII, pag. 245.

RUDIMENS

DE LA

LANGUE HINDOUSTANI.

ALPHABET HARMONIQUE
HINDOU-PERSAN ET DÉVANAGARI.

VOYELLES.

| CARACTÈRES HINDOU-PERSANS | | CARACTÈRES DÉVANAGARI | | VALEUR |
isolés ou au commencement des mots.	au milieu ou à la fin.	isolés ou au commencement d'une syllabe.	après une consonne.	en LETTRES LATINES.
أ	´	अ		a
آ	´	आ	ा	â
اِ	ٜ	इ	ि	i
اِی	ی	ई	ी	î
اُ	ُ	उ	ُ	ǒu
اُو	و	ऊ	ू	ôû
رِ	رِ	ऋ	ृ	ri
رِی	رِی	ॠ	ॄ	rî
لِرِ	لِرِ	ऌ	ॢ	lri
لِرِی	لِوِی	ॡ	ॣ	lrî
اِی	ی	ए	े	e
اَی	ٔی	ऐ	ै	aï
او	و	ओ	ो	o
اَو	ٔ	औ	ौ	aou

CONSONNES.

| NOMS | CARACTÈRES HINDOU-PERSANS | | | | CARACTÈRES | VALEUR |
DES LETTRES.	isolés.	liés à la lettre précédente seulement.	liés à la précédente et à la suivante.	liés à la suivante seulement.	DÉVANAGARI.	en LETTRES LATINES.
Alif.	ا	ل	....	....	....	a, i, ou,
Bé.	ب	ب	٠	ب	ब	b.
Bhé.	بھ	بھ	بھ	بھ	भ	bh.
Pé.	پ	پ	٠	پ	प	p.
Phé.	پھ	پھ	پھ	پھ	फ	ph.
Té.	ت	ت	ت	ت	त	t.
Thé.	تھ	تھ	تھ	تھ	थ	th.
Té.	ٹ	ٹ	ٹ	ٹ	ट	t.
Thé.	ٹھ	ٹھ	ٹھ	ٹھ	ठ	th.
Sé.	ث	ث	ث	ث	स	th anglais dur.
Djim.	ج	ج	ج	ج	ज	dj.
Djhé.	جھ	جھ	جھ	جھ	झ	djh.
Ché.	چ	چ	چ	چ	च	tch.
Chhé.	چھ	چھ	چھ	چھ	छ et दृ	tchh.
Hé.	ح	ح	ح	ح	ह	h.
Khé.	خ	خ	خ	خ	ख	kh.
Dal.	د	د	....	....	द	d.
Dhé.	دھ	دھ	....	....	ध	dh.
Dé.	ڈ	ڈ	....	....	ड	d.
Dhé.	ڈھ	ڈھ	....	....	ढ	dh.
Zal.	ذ	ذ	....	....	ज़	th anglais doux.
Ré.	ر	ر	....	....	र	r.
Ré.	ڑ	ڑ	....	....	ड़	r.

NOMS DES LETTRES.	CARACTÈRES HINDOU-PERSANS				CARACTÈRES DÉVANAGARI.	VALEUR en LETTRES LATINES.
	isolés.	liés à la lettre précédente seulement.	liés à la précédente et à la suivante.	liés à la suivante seulement.		
Rhé.	ڑ	ڑ	....	....	ड़	rh.
Zé.	ز	ز	....	....	ज़	z.
Jé.	ژ	ژ	....	....	झ	j.
Sin.	س	س	ـسـ	ـس	स	ç.
Chin.	ش	ش	ـشـ	ـش	श	ch.
Sad.	ص	ص	ـصـ	ـص	स	ç.
Zad.	ض	ض	ـضـ	ـض	ज	z.
Toé.	ط	ط	ـطـ	ـط	त	t.
Zoé.	ظ	ظ	ـظـ	ـظ	ज	z.
Aïn.	ع	ع	ـعـ	ـع	....	....
Ghaïn.	غ	غ	ـغـ	ـغ	ग	g dur.
Fé.	ف	ف	ـفـ	ـف	फ	f.
Caf.	ق	ق	ـقـ	ـق	क	q.
Kaf.	ك	ك	ـكـ	ـك	क	k.
Khé.	گ	گ	ـگـ	ـگ	ख et ष	kh.
Gaf.	گ	گ	ـگـ	ـگ	ग	g dur.
Ghé.	گھ	گھ	ـگھـ	ـگھ	घ	gh.
Lam.	ل	ل	ـلـ	ـل	ल	l.
Mim.	م	م	ـمـ	ـم	म	m.
Noun.	ن	ن	ـنـ	ـن	ङ ञ ण न ṁ	n.
Ouaou.	و	و	....	....	व	w anglais.
Hé.	ه	ھ	ـهـ	ـه	ह	h.
Ié.	ى	ى	ـيـ	ـي	य	y.

OBSERVATIONS SUR L'ALPHABET ET LES SIGNES DES VOYELLES ET D'ORTHOGRAPHE.

L'alphabet que je nomme *hindou-persan* n'est autre chose que l'alphabet arabe, auquel on a ajouté un certain nombre de lettres pour représenter les articulations et les sons persans et indiens inconnus aux Arabes.

Les voyelles, parmi lesquelles se trouvent des diphthongues et des élémens de la parole que nous considérons comme des consonnes, sont classées d'après le système indien.

Lorsque le ى et le و se prononcent *i, ou*, on les désigne sous le nom de معروف *connu* (*des Arabes*); lorsqu'ils prennent le son de *e, o*, qu'ils n'ont jamais, à proprement parler, en arabe, on les désigne sous le nom de مجهول *inconnu.*

Ces deux lettres sont tantôt voyelles, tantôt consonnes. Voyelles, comme dans انگوشهی *bague, anneau;* consonnes, comme dans وهان (*wahan*) *là,* یهان (*yahan*) *ici,* کانو (*ganw*) *village.*

L'*alif* est considéré de même par les Orientaux.

La lettre ى s'emploie pour indiquer l'*annexion* اضافت persane après les mots qui se terminent par un آ ou un و voyelle, comme dans هوای خوب *bon air,* بوی جن *l'odeur du jardin.*

Le caractère dévanagari आ se place toujours avant la consonne, quoiqu'il ne se prononce qu'après, ainsi que les autres voyelles.

Les Indiens ajoutent à la liste des voyelles, l'*anouswara*, qui n'est autre chose que le simple son nasal. On le représente, en dévanagari, par un point que l'on met au-dessus de la lettre qu'il suit; dans le caractère arabe, on le rend par un ن surmonté d'un *jezma*. L'anouswara remplace, en dévanagari, les cinq nasales muettes; ainsi, on écrit : रंग ou رنگ *couleur;* रंज ou رنج *affliction;* पंडित ou پنڈت *savant;* मंत्री ou منتری *vice-roi;* सांप ou سانپ *serpent,* pour रङ्ग रञ्ज पण्डित मन्त्री साम्प

Le *visarga*, que l'on met aussi à la suite des voyelles, équivaut, dans le caractère dévanagari, au ह muet final, ou های هتنی de l'écriture hindou-persane. Ainsi, les mots توبه *repentir,* همیشه *toujours,* s'écrivent en dévanagari तौब: हमेश:

Les 14 lettres ث ح خ د ذ ز س ص ض ط ظ ع غ ف ق n'ont pas d'équivalens en dévanagari. Les Hindous qui se servent de ce caractère pour écrire l'hindoustani, les représentent par celles dont l'articulation s'en rapproche le plus, et ne les prononcent guère que conformément aux lettres qu'ils ont adoptées pour les rendre.

Les lettres ت ٹه ڈ ڈه ڑ ڑه, et celles qui leur correspondent dans le caractère dévanagari, se nomment *cérébrales*. Leur prononciation diffère peu de celle des lettres analogues ت ته د ده ر

Le ش représente quelquefois le caractère dévanagari ष, comme dans les mots دشّت *mauvais, méchant*, کشّت *besoin, détresse*, qui sont pour दुष्ट कष्ट

Le ع n'a point d'équivalent dans nos langues d'Europe; il faut l'entendre prononcer par un Asiatique. Dans le caractère dévanagari, on écrit seulement la voyelle qui l'accompagne. Ainsi عَيش *plaisir*, se rend par ऐश.

Le ن représente les cinq nasales du caractère dévanagari ङ ञ ण न et म, qui s'emploient selon qu'une gutturale, une palatale, une cérébrale, une dentale ou une labiale les suit. Voyez ce qui est dit plus haut de l'anouswara.

Des lettres dévanagari ग् et अ réunies, se forme la lettre composée ज्ञ, qui se rend ordinairement, dans les caractères hindou-persans, par گی; ex. : ज्ञानी ou گیانی *sage*.

Il y a dans l'écriture hindou-persane trois signes pour indiquer les voyelles : ´ *a*, nommé *fatha* en arabe et *zabar* en persan et en hindoustani; ، *i*, nommé *kasra* en arabe et *zer* en persan et en hindoustani; ´ *ou*, nommé *zamma* en arabe et *pech* en persan et en hindoustani. Ces signes se nomment *points-voyelles* ou *motions*. Pour en diminuer l'emploi, j'ai généralement omis le *zabar* devant l'*alif*, et lorsqu'il exprime l'*a* bref. Ainsi, بڑا *grand*, est pour بَڑا : le lecteur aura soin d'y suppléer dans la prononciation.

Ces trois signes redoublés, c'est-à-dire ´´ ، ٚ, sont ce que les Arabes nomment *tanouin* ou *nunnation*. On les prononce *ann, inn, ounn*.

Le signe ء nommé *hamza* remplace fréquemment l'*alif*, soit en arabe, soit en hindoustani. Ainsi on écrit جرأت *hardiesse*, pour جرأت; لائق *convenable*, pour لايق; گهاؤ *blessure*, pour گهاو ou घाव, &c. On l'emploie aussi pour *l'annexion* اضافت persane, après les mots terminés par un

ه muet مختفی, c'est-à-dire, précédé d'une voyelle brève; ex. : خانهٔ دوست (que l'on prononce *khâna-i dost*) *la maison de l'ami*. Dans les mots terminés par une autre consonne, cette *annexion* s'indique par un *zer*; ex. : اسپ بادشاه *le cheval du roi*, گلِ رعْنا *rose fraîche*.

Le *jazm* °, dans l'écriture hindou-persane, et le ◌ *viram*, dans l'écriture dévanagari, indiquent l'absence de toute voyelle : ils équivalent à notre *e* muet.

Pour diminuer l'emploi des signes orthographiques, je n'ai jamais placé de *jazm* à la dernière lettre des mots; mais on doit la considérer comme marquée de ce signe, toutes les fois qu'elle n'a pas de *motion*; ainsi on doit prononcer les mots هونٹه *lèvre*, پنکه *aile*, *honth*, *pankh*.

Le *madda* ~ mis sur un alif en prolonge le son, et le fait équivaloir à deux alif; ex. : آج *aujourd'hui*, آم *mangou*.

Le *tachdid* ّ indique que la lettre sur laquelle il est placé doit être doublée, comme dans چٹّهی *lettre*, سنّا *entendre*, que l'on prononce *tchit-thi*, *soun-na*.

Le *wasla* ٱ se place, en arabe, sur *l'alif* que l'on nomme *d'union*. Ce cas n'a lieu, en hindoustani, que dans les mots composés de deux noms arabes, en rapport d'annexion, dont le second a l'article; ex. : طالبُ ٱلْعِلْم *étudiant*, عِيدُ ٱلْفَّا *la fête (musulmane) des sacrifices*.

NOMS SUBSTANTIFS ET ADJECTIFS.

Exemple de la Déclinaison des Noms masculins
terminés par une Consonne.

SINGULIER.

Nominatif.	گھر	Maison.
Génitif.	گھر کا کی کی (۱)	
Datif et Accusatif.	گھر کو ou کی نیں	
Vocatif.	أی گھر	
Ablatif.	گھر سی ou سیں ou سون ou سِتی	
Commoratif *ou* local.	گھر پر ou پہ ou میں	

PLURIEL

Nominatif.	گھر	Maisons.
Génitif.	گھروں کا کی کی	
Datif et Accusatif.	گھروں کو ou کی نیں	
Vocatif.	أی گھرو	
Ablatif.	گھروں سی ou سیں ou سون ou سِتی	
Commoratif *ou* local.	گھروں پر ou پہ ou میں	

(۱) On emploie کا, si le nom qui gouverne le génitif est au nominatif singulier ; کی, s'il est à un cas oblique du singulier, ou au pluriel, et کی, s'il est féminin ; on dit ainsi : بیگم کا توتا le perroquet de la princesse ; سوداگر کی بیٹی la fille du marchand ; راجا کی گھوڑی les chevaux du Roi.

Exemple de la Déclinaison des Noms masculins de deux syllabes,
la première affectée d'une voyelle brève quelconque, et la seconde, d'un *zabar*.

	SINGULIER.			PLURIEL.	
Nom.	برس	Année et pluie.	Nom.	برس	Années et pluies.
Gén.	برس کا کی کی		Gén.	برسوں کا کی کی	
Dat. Acc.	برس کو		Dat. Acc.	برسوں کو	
	&c.			&c.	

Exemple de la Déclinaison des Noms masculins terminés
en آ ou ہ.

	SINGULIER.			PLURIEL.	
Nom.	گھوڑا	Cheval.	Nom.	گھوڑی	Chevaux.
Gén.	گھوڑی کا کی کی		Gén.	گھوڑوں کا کی کی	
Dat. Acc.	گھوڑی کو		Dat. Acc.	گھوڑوں کو	
Voc.	أی گھوڑی		Voc.	أی گھوڑو	
Abl.	گھوڑی سی		Abl.	گھوڑوں سی	
Comm.	گھوڑی پر		Comm.	گھوڑوں پر	

	SINGULIER.			PLURIEL.	
Nom.	فرشته	Ange.	Nom.	فرشتی	Anges.
Gén.	فرشتی کا کی کی		Gén.	فرشتوں کا کی کی	
Dat. Acc.	فرشتی کو		Dat. Acc.	فرشتوں کو	
Voc.	أی فرشتی		Voc.	أی فرشتو	
Abl.	فرشتی سی		Abl.	فرشتوں سی	
Comm.	فرشتی پر		Comm.	فرشتوں پر	

Exemple de la Déclinaison des Noms masculins terminés en آ invariable.

	SINGULIER.			PLURIEL.	
Nom.	لالا	Maître, précepteur.	Nom.	لالا	Maîtres, précepteurs.
Gén.	لالا کا کی کِی		Gén.	لالاؤن کا کی کِی	
Dat. Acc.	لالا کو		Dat. Acc.	لالاؤن کو	
Voc.	أی لالا		Voc.	أی لالاؤ	
Abl.	لالا سی		Abl.	لالاؤن سی	
Comm.	لالا پر		Comm.	لالاؤن پر	

Exemple de la Déclinaison des Noms masculins terminés en اِی.

	SINGULIER.			PLURIEL.	
Nom.	دهوبی	Blanchisseur.	Nom.	دهوبی	Blanchisseurs.
Gén.	دهوبی کا کی کِی		Gén.	دهوبیون کا کی کِی	
Dat. Acc.	دهوبی کو		Dat. Acc.	دهوبیون کو	
Voc.	أی دهوبی		Voc.	أی دهوبیو	
Abl.	دهوبی سی		Abl.	دهوبیون سی	
Comm.	دهوبی میں		Comm.	دهوبیون میں	

Exemple de la Déclinaison des Noms féminins terminés par une consonne.

	SINGULIER.			PLURIEL.	
Nom.	رات	Nuit.	Nom.	راتیں (1)	Nuits.
Gén.	رات کا کی کِی		Gén.	راتون کا کی کِی	
Dat. Acc.	رات کو		Dat. Acc.	راتون کو	
Voc.	أی رات		Voc.	أی راتو	
Abl.	رات سی		Abl.	راتون سی	
Comm.	رات پر		Comm.	راتون پر	

(1) Toutefois بهَوَن *sourcil* fait au nominatif pluriel بهَوِیں.

Exemple de la Déclinaison des Noms féminins de la forme du masculin برس. (Voyez p. 34.)

	SINGULIER.			PLURIEL.	
Nom.	نظر	Vue.	Nom.	نظرین	Vues.
Gén.	نظر کا کی کی		Gén.	نظرون کا کی کی	
Dat. Acc. }	نظر کو		Dat. Acc. }	نظرون کو	
	&c.			&c.	

Exemple de la Déclinaison des Noms féminins terminés en ی.

	SINGULIER.			PLURIEL.	
Nom.	گھوڑی	Jument.	Nom.	گھوڑیان	Jumens.
Gén.	گھوڑی کا کی کی		Gén.	گھوڑیون کا کی کی	
Dat. Acc. }	گھوڑی کو		Dat. Acc. }	گھوڑیون کو	
Voc.	أی گھوڑی		Voc.	أی گھوڑیو	
Abl.	گھوڑی سی		Abl.	گھوڑیون سی	
Comm.	گھوڑی پر		Comm.	گھوڑیون پر	

Exemple de la Déclinaison des Noms féminins terminés en آ ou ا.

	SINGULIER.			PLURIEL.	
Nom.	بلا	Malheur.	Nom.	بلاءین	Malheurs.
Gén.	بلا کا کی کی		Gén.	بلاءون کا کی کی	
Dat. Acc. }	بلا کو		Dat. Acc. }	بلاءون کو	
Voc.	أی بلا		Voc.	أی بلاءو	
Abl.	بلا سی		Abl.	بلاءون سی	
Comm.	بلا مین		Comm.	بلاءون مین	

Exemple de la Déclinaison des Adjectifs terminés en آ.

	MASCULIN SINGULIER.			PLURIEL.	
Nom.	(١) بیٹا اچّھا	Bon fils.	Nom.	اچّھی بیٹی	Bons fils.
Gén.	اچّھی بیٹی کا کی کی		Gén.	اچّھی بیٹوں کا کی کی	
Dat. Acc.	اچّھی بیٹی کو		Dat. Acc.	اچّھی بیٹوں کو	
Voc.	اَی اچّھی بیٹی		Voc.	اَی اچّھی بیٹو	
Abl.	اچّھی بیٹی سی		Abl.	اچّھی بیٹوں سی	
Comm.	اچّھی بیٹی پر		Comm.	اچّھی بیٹوں پر	

	FÉMININ SINGULIER.			PLURIEL.	
Nom.	اچّھی بیٹی	Bonne fille.	Nom.	اچّھی بیٹیاں	Bonnes filles.
Gén.	اچّھی بیٹی کا کی کی		Gén.	اچّھی بیٹیوں کا کی کی	
Dat. Acc.	اچّھی بیٹی کو		Dat. Acc.	اچّھی بیٹیوں کو	
Voc.	اَی اچّھی بیٹی		Voc.	اَی اچّھی بیٹیو	
Abl.	اچّھی بیٹی سی		Abl.	اچّھی بیٹیوں سی	
Comm.	اچّھی بیٹی پر		Comm.	اچّھی بیٹیوں پر	

Exemple de la Déclinaison des Adjectifs terminés en آں.

	MASCULIN SINGULIER.			PLURIEL.	
Nom.	(٢) کان بایاں	Oreille gauche.	Nom.	باءین کان	Oreilles gauches.
Gén.	باءین کان کا کی کی		Gén.	باءین کانوں کا کی کی	
Dat. Acc.	باءین کان کو		Dat. Acc.	باءین کانوں کو	
Voc.	اَی باءین کان		Voc.	اَی باءین کانو	
Abl.	باءین کان سی		Abl.	باءین کانوں سی	
Comm.	باءین کان پر		Comm.	باءین کانوں پر	

(1) L'adjectif پرایا *étranger* fait پراءی aux cas obliques du singulier et au nominatif pluriel, et پراءی au féminin.

(2) بنیان *marchand*, substantif masculin, fait بنئی aux cas obliques du singulier, et au nominatif pluriel.

FÉMININ SINGULIER.		PLURIEL.	
Nom.	باءيں آنکھ Œil gauche.	Nom.	باءيں آنکھيں Yeux gauches.
Gén.	باءيں آنکھ کا کی کِ	Gén.	باءيں آنکھوں کا کی کِ
Dat. Acc.	باءيں آنکھ کو	Dat. Acc.	باءيں آنکھوں کو
Voc.	اَی باءيں آنکھ	Voc.	اَی باءيں آنکھو
Abl.	باءيں آنکھ سی	Abl.	باءيں آنکھوں سی
Comm.	باءيں آنکھ پر	Comm.	باءيں آنکھوں پر

OBSERVATIONS SUR LES NOMS.

Dans les substantifs masculins ou féminins de convention, les terminaisons اں, ہا, آ indiquent ordinairement le masculin, et les terminaisons ت, اِيں, اِی, ن, وش le féminin. Mais de nombreuses exceptions, que l'usage apprendra, restreignent cette règle générale. Les adjectifs terminés par آ ou آں changent, au féminin, cette terminaison en اِی ou اِيں, ainsi qu'on l'a vu dans les paradigmes précédens : les autres restent invariables.

Les noms susceptibles d'être appliqués aux deux sexes prennent souvent, au féminin, une forme particulière dérivée du masculin. Les exemples suivans feront connaître les plus usitées.

MASCULIN.		FÉMININ.	
دادا	Grand-père (paternel).	دادی	Grand'mère (paternelle)
دولھا	Le marié.	دُلھیا ou دُلھن	La mariée.
شھزاده	Prince.	شھزادی	Princesse.
مالی	Jardinier.	مالن	Jardinière.
بھاءی	Frère.	بھن ou بہن	Sœur.
خان	Khan (titre d'honneur).	خانم	Femme du khan.

MASCULIN.		FÉMININ.	
هرن	Daim.	هرنی	Femelle du daim.
نايك	Jeune homme.	نايكا	Jeune fille.
سنار	Orfévre.	سنارنی	Femme d'un orfévre.
راجا	Roi.	رانی pour राझी	Reine.
مهتر	Balayeur.	مهترانی	Balayeuse.
بنيا ou بنيان	Marchand.	بنياين	Femme d'un marchand.
گرو	Guide spirituel.	گرواين	Femme d'un *gourou*.

Les noms persans sont quelquefois employés au pluriel avec les terminaisons آن ou ها usitées en cette langue pour désigner ce nombre. Ex. :
ياران *des amis*, سالها *des années*.

PRONOMS.

PRONOMS PERSONNELS.

Pronom personnel de la première personne.

	SINGULIER.			PLURIEL.	
Nom.	مَين	Je, moi.	Nom.	هم	Nous.
Gén.	میرا میری میری (۱)		Gén.	هارا هاری هاری	
Dat. Acc.	تُجھ کو ou تُجھی		Dat. Acc.	هم کو ou هِمین	
Abl.	تُجھ سی		Abl.	هم سی	
Comm.	تُجھ پر		Comm.	هم پر	

Pronom personnel de la seconde personne.

	SINGULIER.			PLURIEL.	
Nom.	تُو ou تَین	Tu, toi.	Nom.	تُم	Vous.
Gén.	تیرا تیری تیری		Gén.	تُمهارا تُمهاری تُمهاری	
Dat. Acc.	تُجھ کو ou تُجھی		Dat. Acc.	تُم کو ou تُمهین	
Voc.	أی تُو		Voc.	أی تُم	
Abl.	تُجھ سی		Abl.	تُم سی	
Comm.	تُجھ پر		Comm.	تُم پر	

(1) Le génitif des pronoms personnels de la première et de la seconde personne suit la même règle de concordance que les postpositions کا کی کی

Pronom personnel de la troisième personne, et Pronom démonstratif éloigné.

	SINGULIER.		PLURIEL.
Nom.	وه	Nom.	وی
Gén.	اُس کا کی کِی	Gén.	اُن کا کی کِی
Dat. Acc.	اُس کو ou اُسی	Dat. Acc.	اُن کو ou اُنْهِیں
Abl.	اُس سی	Abl.	اُن سی
Comm.	اُس پر	Comm.	اُن پر

Nom. : Il, elle, lui, cet....là, ce....là, celui-là. — Pluriel : Ils, elles, eux, ces..là, ceux-là.

PRONOM DÉMONSTRATIF PROCHAIN.

	SINGULIER.		PLURIEL.
Nom.	یه	Nom.	یی
Gén.	اِس کا کی کِی	Gén.	اِن کا کی کِی
Dat. Acc.	اِس کو ou اِسی	Dat. Acc.	اِن کو ou اِنْهِیں
Abl.	اِس سی	Abl.	اِن سی
Comm.	اِس پر	Comm.	اِن پر

Nom. : Cet.....ci, ce.....ci, celui-ci. — Pluriel : Ces....ci, ceux-ci.

PRONOM RÉFLÉCHI.

SINGULIER ET PLURIEL.

Nom.	آپ	Moi-même, toi-même, lui-même, soi-même.
Gén.	آپ کا کی کِی ou اپْنا اپْنی اپْنِی	
Dat. Acc.	آپ کو ou اپْنی کو	
Abl.	آپ سی ou اپْنی سی	
Comm.	آپ پر ou اپْنی پر	

آپس مین entre { nous. vous. eux.

PRONOM RELATIF.

	SINGULIER.			PLURIEL.	
Nom.	(1) جو ou جَون	Qui, lequel, laquelle, et celui qui, celle qui, ce qui, ce que.	Nom.	جو ou جَون	Qui, lesquels, lesquelles, et ceux qui, celles qui, les choses qui, les choses que.
Gén.	جِس کا کی کی		Gén.	جن کا کی کی	
Dat. Acc.	جِس کو ou جِسى		Dat. Acc.	جن کو ou جِنْهِين	
Abl.	جِس سی		Abl.	جن سی	
Comm.	جِس پر		Comm.	جن پر	

PRONOM QUI CORRESPOND AU PRÉCÉDENT.

	SINGULIER.			PLURIEL.	
Nom.	سو ou تون	Celui-ci, celui-là, il, elle.	Nom.	سو ou تون	Ceux-ci, ceux-là, ils, elles.
Gén.	تِس کا کی کی		Gén.	تن کا کی کی	
Dat. Acc.	تِس کو ou تِسى		Dat. Acc.	تن کو ou تِنْهِين	
Abl.	تِس سی		Abl.	تن سی	
Comm.	تِس پر		Comm.	تن پر	

PRONOMS INTERROGATIFS.

Pour les personnes.

	SINGULIER.			PLURIEL.	
Nom.	کَون	Qui! quel! quelle!	Nom.	کَون	Qui! quels! quelles!
Gén.	کِس کا کی کی		Gén.	کن کا کی کی	
Dat. Acc.	کِس کو ou کِسى		Dat. Acc.	کن کو ou کِنْهِين	
Abl.	کِس سی		Abl.	کن سی	
Comm.	کِس پر		Comm.	کن پر	

(1) *Quiconque* se rend par جو کوئی ; *tout ce que*, par جو کُچھ .

Pour les choses.

SINGULIER ET PLURIEL.

Nom. Acc. }	کیا	Quel! quelle! que! quoi!
Gén.	کاہی کا کی کِی	
Dat.	کاہی کو	
Abl.	کاہی سی	
Comm.	کاہی پر	

PRONOMS INDÉFINIS.

Pour les personnes.

	SINGULIER.			PLURIEL.	
Nom.	کوئی	Quelqu'un, un, une.	Nom.	کوئی	Quelques personnes, quelques, des.
Gén.	کِسی کا کی کِی		Gén.	کِنی کا کی کِی	
Dat. Acc. }	کِسی کو		Dat. Acc. }	کِنی کو	
Abl.	کِسی سی		Abl.	کِنی سی	
Comm.	کِسی پر		Comm.	کِنی پر	

Pour les choses.

	SINGULIER.			PLURIEL.	
Nom.	کچھ	Quelque chose, un, une, quelque.	Nom.	کچھ	Des choses, quelques, des.
Gén.	کِسو کا کی کِی		Gén.	کِنو کا کی کِی	
Dat. Acc. }	کِسو کو		Dat. Acc. }	کِنو کو	
Abl.	کِسو سی		Abl.	کِنو سی	
Comm.	کِسو پر		Comm.	کِنو پر	

VERBES.

—

Conjugaison du Verbe neutre et substantif هونا,
ÊTRE et DEVENIR.

Ce verbe s'emploie, dans plusieurs de ses temps, comme auxiliaire des verbes neutres et actifs.

INDICATIF.

PRÉSENT (Temps auxiliaire).

SINGULIER.		PLURIEL.	
مَیں هُون	Je suis.	هم هَیں	Nous sommes.
تو هَی	Tu es.	تم هو	Vous êtes.
وَہ هَی	Il est *ou* elle est.	وی هَیں	Ils *ou* elles sont.

PRÉSENT INDÉFINI.

SINGULIER.			PLURIEL.		
هوتا {	مَیں	Je suis *ou* je deviens. &c.	هوتے {	هم	Nous sommes *ou* nous devenons. &c.
	تو			تم	
	وہ			وی	

PRÉSENT DÉFINI OU ACTUEL.

SINGULIER.		PLURIEL.	
(1) مَیں هوتا هُون		هم هوتے هَیں	
تو هوتا هَی		تم هوتے هو	
وہ هوتا هَی		وی هوتے هَیں	

(1) Ce temps n'a pas d'équivalent en français ; mais il existe dans d'autres langues. On dirait en anglais : *I am being* ou *becoming*, &c.

IMPARFAIT SIMPLE (Temps auxiliaire).

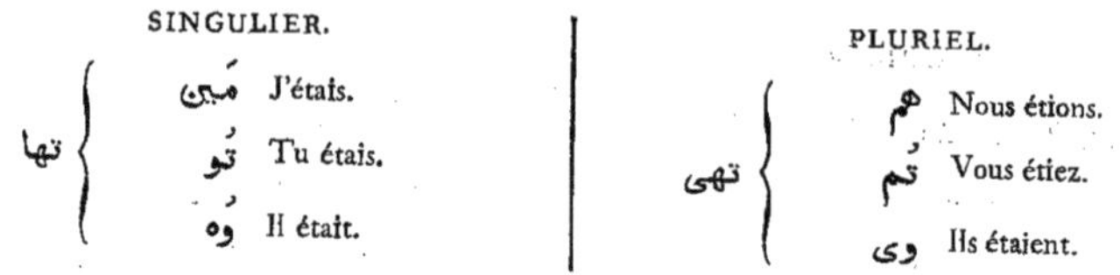

SINGULIER.		PLURIEL.	
میں	J'étais.	هم	Nous étions.
تو	Tu étais.	تم	Vous étiez.
وه	Il était.	وى	Ils étaient.

(تها) pour le singulier ; (تهى) pour le pluriel.

IMPARFAIT COMPOSÉ.

SINGULIER.		PLURIEL.	
میں	J'étais,	هم	Nous étions,
تو	*ou*	تم	*ou*
وه	je devenais. &c.	وى	nous devenions. &c.

(هوتا تها) — (هوتى تهى)

PRÉTÉRIT SIMPLE.

SINGULIER.		PLURIEL.	
میں	Je fus,	هم	Nous fûmes,
تو	*ou*	تم	*ou*
وه	je devins. &c.	وى	nous devînmes. &c.

(هوا) — (هوءى)

PRÉTÉRIT COMPOSÉ.

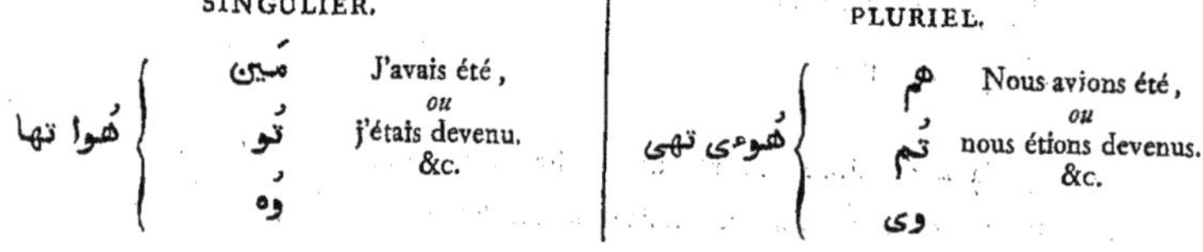

SINGULIER.		PLURIEL.	
میں هوا هون	J'ai été,	هم هوءى هیں	Nous avons été,
تو هوا هى	*ou*	تم هوءى هو	*ou*
وه هوا هى	je suis devenu. &c.	وى هوءى هیں	nous sommes devenus. &c.

PLUSQUEPARFAIT.

SINGULIER.		PLURIEL.	
میں	J'avais été,	هم	Nous avions été,
تو	*ou*	تم	*ou*
وه	j'étais devenu. &c.	وى	nous étions devenus. &c.

(هوا تها) — (هوءى تهى)

FUTUR PRÉSENT.

SINGULIER.	PLURIEL.
(۱) مَیں هوتا هوؤون	هم هوتی هووین
تو هوتا هووی	تُم هوتی هوؤو
وَه هوتا هووی	وی هوتی هووین

Autre forme.

SINGULIER.	PLURIEL.
مَیں هوتا هوؤونگا	هم هوتی هووینگی
تو هوتا هوویگا	تُم هوتی هوؤوگی
وَه هوتا هوویگا	وی هوتی هووینگی

FUTUR INDÉFINI OU AORISTE (Temps auxiliaire).

SINGULIER.		PLURIEL.	
مَیں هـــوؤون	Je serai *óu* que je sois. &c.	هم هووین ou هوؤین ou هون	Nous serons *ou* que nous soyons. &c.
(۲) ou هون			
تو هووی ou هوؤی ou هو		تم هوؤو ou هو	
وَه هووی ou هوؤی ou هو		وی هووین ou هوؤین ou هون	

FUTUR DÉFINI (Temps auxiliaire).

SINGULIER.		PLURIEL.	
مَیں هوؤونگا	Je serai.	هم هووینگی	Nous serons.
تو هوویگا	Tu seras.	تُم هوؤوگی	Vous serez.
وَه هووینگا	Il sera.	وی هوؤینگی	Ils seront.

(۱) Ce temps n'a pas d'équivalent en français ; on dirait en anglais : *I shall be being* ou *becoming*, &c.

(۲) Dans les verbes dont la racine se termine par une des voyelles آ اى اِى او, on peut inter-

FUTUR PASSÉ OU ANTÉRIEUR,

SINGULIER.		PLURIEL.	
مَیں هُوا هوَّون	J'aurai été, *ou* je serai devenu. &c.	هم هُوَّى هووین	Nous aurons été, *ou* nous serons devenus. &c.
تُو هُوا هووى		تُم هُوَّى هوءو	
وَه هُوا هووى		وَى هُوى هووین	

Autre forme.

SINGULIER.		PLURIEL.	
مَیں هُوا هوَّونْگا	J'aurai été, *ou* je serai devenu. &c.	هم هُوَّى هووینْگى	Nous aurons été, *ou* nous serons devenus. &c.
تُو هُوا هوویگا		تُم هُوَّى هوءوگى	
وَه هُوا هوویگا		وى هُوَّى هووینْگى	

CONDITIONNEL.

PRÉSENT (Temps auxiliaire).

مَیں هونا Je serais, &c.

Ce temps est le même que le présent indéfini accompagné d'une conjonction conditionnelle.

PASSÉ.

SINGULIER.		PLURIEL.	
هُوا هوتا { مَیں / تُو / وَه	J'aurais été, *ou* je serais devenu. &c.	هُوَّى هوت { هم / تُم / وى	Nous aurions été, *ou* nous serions devenus. &c.

IMPÉRATIF.

SINGULIER.		PLURIEL.	
مَیں هوَّون	Que je sois, *ou* que je devienne. &c.	هم هووین	Soyons, *ou* devenons. &c.
تُو هو		تُم هوءو	
وَه هووى		وى هووین	

caler à volonté un و euphonique devant les terminaisons du futur qui commencent par اى. Dans quelques-uns de ceux dont la racine se termine par اى ou او, une contraction pareille à celle que l'on voit ici peut également avoir lieu.

PRÉCATIF,

ou Forme respectueuse de l'Impératif et du Futur.

هُوجِبِیگا ou هُوجِی Soyez, devenez; vous serez, vous deviendrez.

هُوجِی { Soyons, qu'on soit; nous serons, on sera.
{ Devenons, qu'on devienne; nous deviendrons, on deviendra.

هُوجِیو { Sois, qu'il *ou* qu'elle soit; tu seras, il *ou* elle sera.
{ Deviens, qu'il *ou* qu'elle devienne; tu deviendras, il *ou* elle deviendra.
{ Soyez, qu'ils *ou* qu'elles soient; vous serez, ils *ou* elles seront.
{ Devenez, qu'ils *ou* qu'elles deviennent; vous deviendrez, ils *ou* elles deviendront.

INFINITIF.

PRÉSENT.

هوٹی — هونا Être.

PARTICIPE PRÉSENT.

SINGULIER.	PLURIEL.
هوٹا هُوا ou هوٹا Étant.	هوٹی هُوٹی ou هوٹی Étant.

GÉRONDIF PRÉSENT.

هوٹی هُوٹی ou هوٹی Étant.

PARTICIPE PASSÉ.

SINGULIER.	PLURIEL.
هُوا (1) Été.	هُوٹی Été.

GÉRONDIF PASSÉ.

هُوٹی Ayant été.

(1) Le participe passé se forme régulièrement en ajoutant آ à la racine; هُوا est une exception à cette règle, ainsi que گِیا, participe passé du verbe جانا, dont la conjugaison suit; et دِیا, کِیا, لِیا, مُوا participes passés des verbes دینا *donner*, کرنا *faire*, لینا *prendre*, مرنا *mourir*.

Autre Gérondif passé, nommé *Participe plusqueparfait ou de suspension.*

هو هوی هوکر هوکرکی هوکرکم Ayant été.

Nota. Au féminin, la terminaison آ du singulier masculin de l'infinitif, des participes et du futur, se change en اِی pour le singulier de ce genre, et en اِین ou اِیان pour le pluriel. Mais lorsque deux ou trois pluriels féminins sont réunis, le dernier seul prend la marque du pluriel. Ainsi on dit هونی *être*, au féminin; هوی هُوئیان *étant*, au féminin pluriel; هوءبیگی *elle sera*, &c. La même observation s'applique à tous les verbes.

Conjugaison du Verbe neutre جانا ALLER.

Ce verbe s'emploie comme auxiliaire des verbes passifs.

INDICATIF.

PRÉSENT INDÉFINI.

SINGULIER.		PLURIEL.	
مَین	Je vais.	هم	Nous allons.
تو	Tu vas.	تُم	Vous allez.
وه	Il va.	وی	Ils vont.

جاتا (singulier)   جاتی (pluriel)

PRÉSENT DÉFINI OU ACTUEL.

SINGULIER.	PLURIEL.
(1) مَین جاتا هُون	هم جاتی هَین
تو جاتا هَی	تُم جاتی هو
وه جاتا هَی	وی جاتی هَین

(1) Ce temps n'a pas d'équivalent en français; on dirait en anglais : *I am going*, &c.

7

IMPARFAIT.

SINGULIER.		PLURIEL.	
مَیں	J'allais.	هم	Nous allions.
تُو	Tu allais.	تُم	Vous alliez.
وه	Il allait.	وی	Ils allaient.

(Singulier) جاتا تها — (Pluriel) جاتی تهی

PRÉTÉRIT SIMPLE.

SINGULIER.		PLURIEL.	
مَیں	J'allai.	هم	Nous allâmes.
تُو	Tu allas.	تُم	Vous allâtes.
وه	Il alla.	وی	Ils allèrent.

(Singulier) گَیا — (Pluriel) گَئی

PRÉTÉRIT COMPOSÉ.

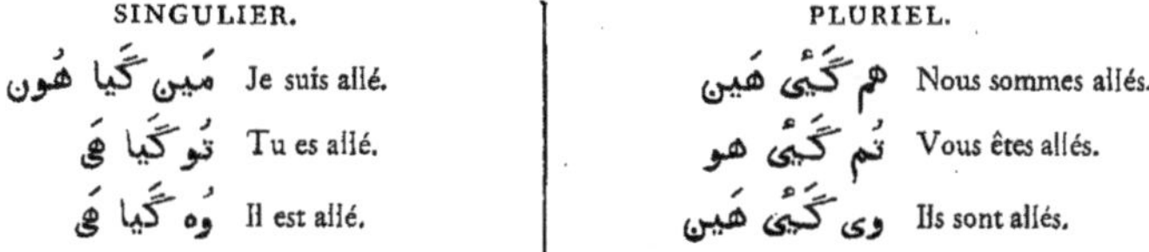

SINGULIER.		PLURIEL.	
مَیں گَیا هُون	Je suis allé.	هم گَئی هَیں	Nous sommes allés.
تُو گَیا هَی	Tu es allé.	تُم گَئی هو	Vous êtes allés.
وه گَیا هَی	Il est allé.	وی گَئی هَیں	Ils sont allés.

PLUSQUEPARFAIT.

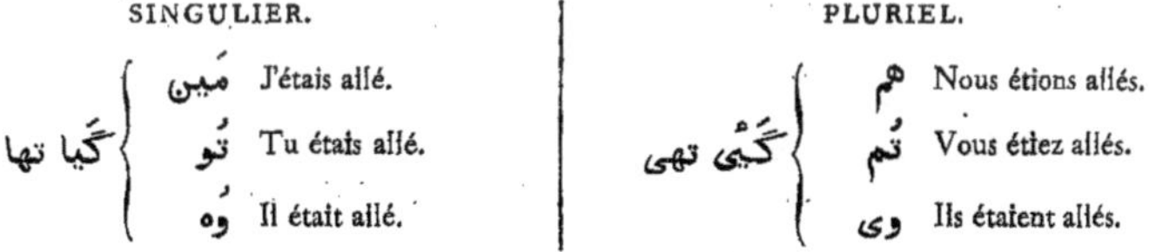

SINGULIER.		PLURIEL.	
مَیں	J'étais allé.	هم	Nous étions allés.
تُو	Tu étais allé.	تُم	Vous étiez allés.
وه	Il était allé.	وی	Ils étaient allés.

(Singulier) گَیا تها — (Pluriel) گَئی تهی

FUTUR PRÉSENT.

SINGULIER.	PLURIEL.
(1) مَیں جاتا هووُن	هم جاتی هوویں

(1) Ce temps n'a pas d'équivalent en français; on dirait en anglais : *I shall* ou *will be going*, &c.

SINGULIER.	PLURIEL.
تُو جاتا هووی	تُم جاتی هوٴو
وُه جاتا هووی	وی جاتی هووین

Autre forme.

SINGULIER.	PLURIEL.
مَین جاتا هوٴونٛگا	هم جاتی هووینٛگی
تُو جاتا هوویگا	تُم جاتی هوٴوگی
وُه جاتا هوویگا	وی جاتی هووینٛگی

FUTUR INDÉFINI ou AORISTE,.

SINGULIER.		PLURIEL.	
مَین جاٶن	J'irai, *ou* que j'aille. &c.	هم جاوین	Nous irons, *ou* que nous allions. &c.
تُو جاوی		تُم جاٶو	
وُه جاوی		وی جاوین	

FUTUR DÉFINI.

SINGULIER.		PLURIEL.	
مَین جاٶونٛگا	J'irai.	هم جاوینٛگی	Nous irons.
تُو جاویگا	Tu iras.	تُم جاٶوگی	Vous irez.
وُه جاویگا	Il ira.	وی جاوینٛگی	Ils iront.

FUTUR PASSÉ ou ANTÉRIEUR.

SINGULIER.		PLURIEL.	
مَین گیا هوٴون	Je serai allé.	هم گئی هووین	Nous serons allés.
تُو گیا هووی	Tu seras allé.	تُم گئی هوٴو	Vous serez allés.
وُه گیا هووی	Il sera allé.	وی گئی هووین	Ils seront allés.

7*

Autre forme.

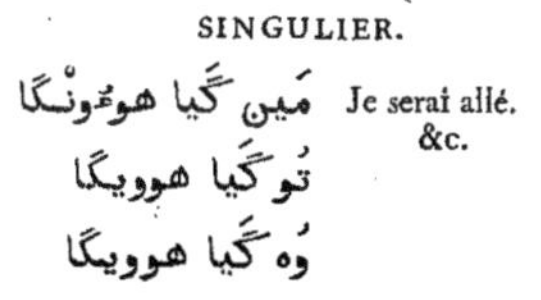 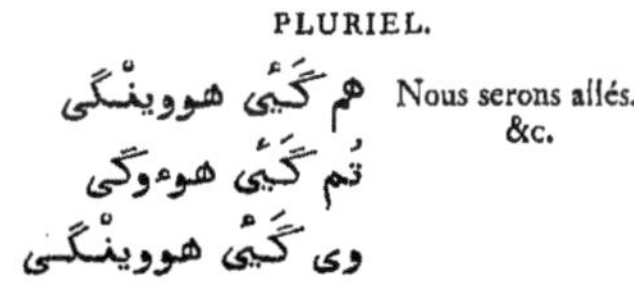

SINGULIER.		PLURIEL.	
مَین گَیا هوومونْگا	Je serai allé. &c.	هم گَئی هوووینْگی	Nous serons allés. &c.
تُوگَیا هوویگا		تم گَئی هوموگی	
وُه گَیا هوویگا		وی گَئی هوووینْگی	

CONDITIONNEL.

PRÉSENT.

مَین جاتا   J'irais, &c.

Ce temps est le même que le présent indéfini accompagné d'une conjonction conditionnelle.

PASSÉ.

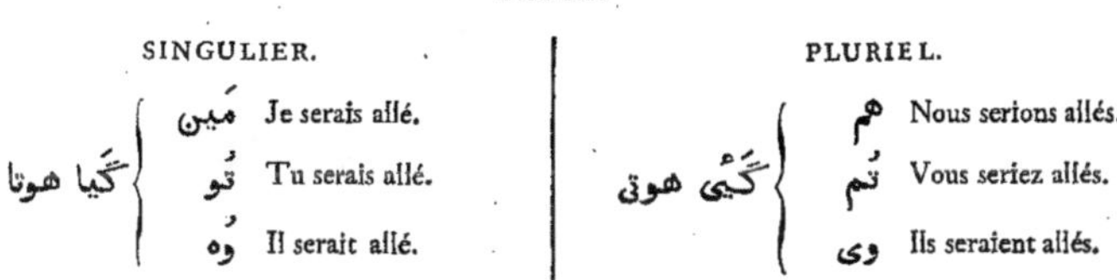

SINGULIER.		PLURIEL.	
مَین	Je serais allé.	هم	Nous serions allés.
تُو گَیا هوتا	Tu serais allé.	تم گَئی هوتی	Vous seriez allés.
وُه	Il serait allé.	وی	Ils seraient allés.

IMPÉRATIF.

SINGULIER.		PLURIEL.	
مَین جاؤن	Que j'aille.	هم جاوین	Allons.
تُو جا	Que tu ailles.	تم جاؤو	Allez.
وُه جاوی	Qu'il *ou* qu'elle aille.	وی جاوین	Qu'ils *ou* qu'elles aillent.

PRÉCATIF,
ou Forme respectueuse de l'Impératif et du Futur.

جاعِی (1) ou جاعِییگا   Allez, vous irez.

جاعِی   { Allons, nous irons. / Qu'on aille, on ira.

جاعِیو   { Va, qu'il *ou* qu'elle aille; tu iras, il *ou* elle ira. / Allez, qu'ils *ou* qu'elles aillent; vous irez, ils *ou* elles iront.

(1) Si la racine du verbe se termine par اِی ou او, on remplace les finales اِی et اِیو par جِی ou جِیو ou چِو, چِی. *Voyez* la conjugaison du verbe هونا.

INFINITIF.

PRÉSENT.

جانا — جانی Aller.

PARTICIPE PRÉSENT.

SINGULIER.		PLURIEL.

جاتا هُوا ou جاتا Allant.   جاتے هُوے ou جاتے Allant.

GÉRONDIF PRÉSENT.

جاتے هُوے ou جاتے En allant.

PARTICIPE PASSÉ.

SINGULIER.		PLURIEL.

گیا هُوا ou گیا Allé.   گئے هُوے ou گئے Allés.

GÉRONDIF PASSÉ.

گئے هُوے ou گئے Étant allé.

Autre Gérondif passé, nommé *Participe plusqueparfait ou de suspension.*

جا جائے جاکے جاکر جاکرکے جاکرکر Étant allé.

PARADIGME DE LA CONJUGAISON DES VERBES NEUTRES.

Conjugaison du Verbe neutre جلْنا BRÛLER.

INDICATIF.

PRÉSENT INDÉFINI.

SINGULIER.		PLURIEL.	
مَين	Je brûle.	هم	Nous brûlons.
تُو	Tu brûles.	تُم	Vous brûlez.
وُه	Il brûle.	وى	Ils brûlent.

جلْتا (left brace, singulier)   جلْتى (left brace, pluriel)

PRÉSENT DÉFINI OU ACTUEL.

SINGULIER.	PLURIEL.
(۱) مَين جلْتا هُون	هم جلْتى هَين
تُو جلْتا هَى	تُم جلْتى هو
وُه جلْتا هَى	وى جلْتى هَين

IMPARFAIT.

SINGULIER.		PLURIEL.	
مَين	Je brûlais.	هم	Nous brûlions.
تُو	Tu brûlais.	تُم	Vous brûliez.
وُه	Il brûlait.	وى	Ils brûlaient.

جلْتا تها (left brace, singulier)   جلْتى تهى (left brace, pluriel)

(۱) Ce temps n'a pas d'équivalent en français ; on dirait en anglais : *I am burning*, &c.

PRÉTÉRIT SIMPLE.

SINGULIER.

مَيں	Je brûlai.	
تُو	Tu brûlas.	جلا
وُه	Il brûla.	

PLURIEL.

هم	Nous brûlâmes.	
تُم	Vous brûlâtes.	جلی
وی	Ils brûlèrent.	

PRÉTÉRIT COMPOSÉ.

SINGULIER.

مَيں جلا هُون	J'ai brûlé.
تُو جلا هَی	Tu as brûlé.
وُه جلا هَی	Il a brûlé.

PLURIEL.

هم جلی هَيں	Nous avons brûlé.
تُم جلی هو	Vous avez brûlé.
وی جلی هَيں	Ils ont brûlé.

PLUSQUEPARFAIT.

SINGULIER.

مَيں	J'avais brûlé.	
تُو	Tu avais brûlé.	جلا تها
وُه	Il avait brûlé.	

PLURIEL.

هم	Nous avions brûlé.	
تُم	Vous aviez brûlé.	جلی تهی
وی	Ils avaient brûlé.	

FUTUR PRÉSENT.

SINGULIER.

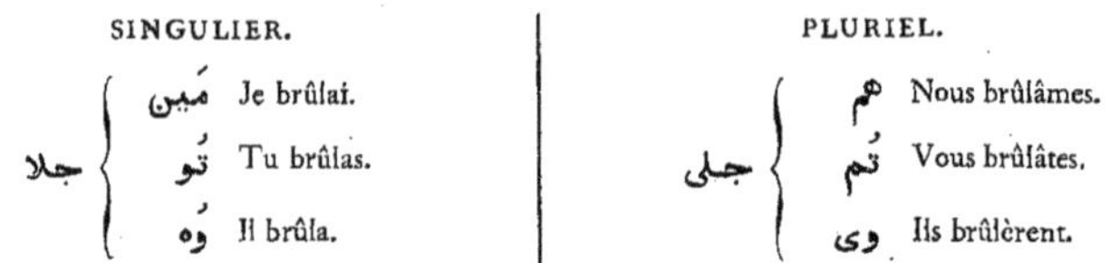

(1) مَيں جلْتا هوٗون	
تُو جلْتا هووی	
وُه جلْتا هووی	

PLURIEL.

هم جلْتی هووين
تُم جلْتی هومو
وی جلْتی هووين

Autre forme.

SINGULIER.

مَيں جلْتا هُونگا
تُو جلْتا هوءيگا
وُه جلْتا هوءيگا

PLURIEL.

هم جلْتی هوءينگی
تُم جلْتی هوءوگی
وی جلْتی هوءينگی

(1) Ce temps n'a pas d'équivalent en français ; on dirait en anglais : *I shall* ou *will be burning*, &c.

FUTUR INDÉFINI OU AORISTE.

SINGULIER.		PLURIEL.	
مَين جلَون	Je brûlerai, *ou* que je brûle. &c.	هم جلين	Nous brûlerons, *ou* que nous brûlions. &c.
تُو جلى		تُم جلو	
وُه جلى		وى جلين	

FUTUR DÉFINI.

SINGULIER.		PLURIEL.	
مَين جلُوْنگا	Je brûlerai.	هم جلينگى	Nous brûlerons.
تُو جليگا	Tu brûleras.	تُم جلوگى	Vous brûlerez.
وُه جليگا	Il brûlera.	وى جلينگى	Ils brûleront.

FUTUR PASSÉ OU ANTÉRIEUR.

SINGULIER.		PLURIEL.	
مَين جلا هوٓون	J'aurai brûlé.	هم جلى هووين	Nous aurons brûlé.
تُو جلا هووى	Tu auras brûlé.	تُم جلى هوٴو	Vous aurez brûlé.
وُه جلا هووى	Il aura brûlé.	وى جلى هووين	Ils auront brûlé.

Autre forme.

SINGULIER.		PLURIEL.	
مَين جلا هُوْنگا	J'aurai brûlé. &c.	هم جلى هوٴينگى	Nous aurons brûlé. &c.
تُو جلا هوٴبگا		تم جلى هوٴوگى	
وُه جلا هوٴبگا		وى جلى هوٴينگى	

CONDITIONNEL.

PRÉSENT.

مَين جلْتا Je brûlerais, &c.

Ce temps est le même que le présent indéfini accompagné d'une conjonction conditionnelle.

PASSÉ.

	SINGULIER.		PLURIEL.

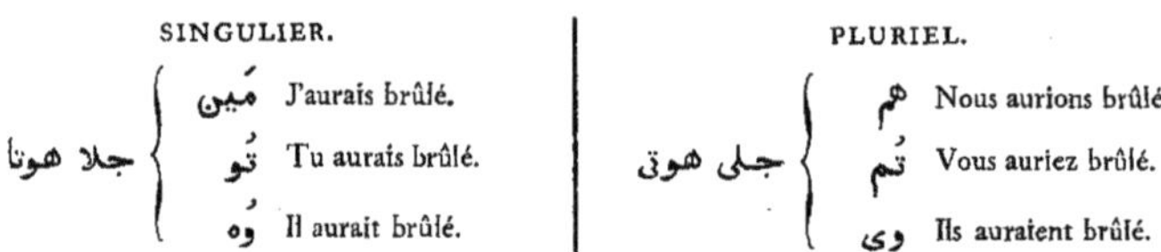

SINGULIER.

مَین   J'aurais brûlé.
تُو   Tu aurais brûlé.
وہ   Il aurait brûlé.

جلا هوتا

PLURIEL.

ہم   Nous aurions brûlé.
تُم   Vous auriez brûlé.
وی   Ils auraient brûlé.

جلی هوتی

IMPÉRATIF.

SINGULIER.

مَین جلُون   Que je brûle.
تُو جل   Brûle.
وہ جلی   Qu'il *ou* qu'elle brûle.

PLURIEL.

ہم جلیں   Brûlons.
تُم جلو   Brûlez.
وی جلیں   Qu'ils *ou* qu'elles brûlent.

PRÉCATIF,

ou Forme respectueuse de l'Impératif et du Futur.

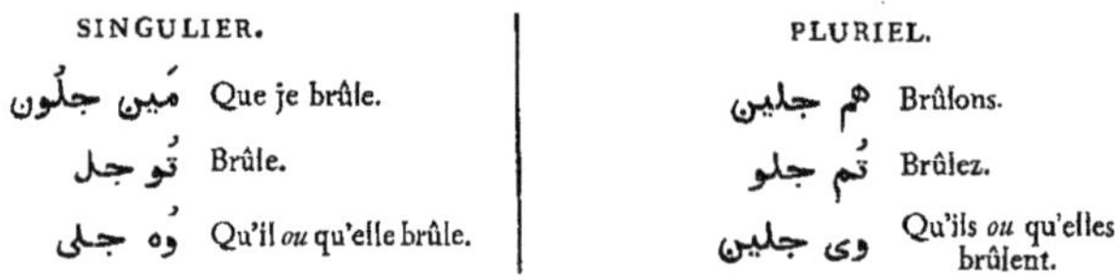

جلیی *ou* جلییگا   Brûlez, vous brûlerez.

جلیی   { Brûlons, nous brûlerons.
Qu'on brûle, *ou* on brûlera.

جلیو   { Brûle, qu'il *ou* qu'elle brûle; tu brûleras, il *ou* elle brûlera.
Brûlez, qu'ils *ou* qu'elles brûlent; vous brûlerez, ils *ou* elles brûleront.

INFINITIF.

PRÉSENT.

جلنا — جلنی   Brûler.

PARTICIPE PRÉSENT.

SINGULIER.

جلتا *ou* جلتا هوا   Brûlant.

PLURIEL.

جلتی *ou* جلتی هوءی   Brûlant.

GÉRONDIF PRÉSENT.

جلتی *ou* جلتی هوءی   En brûlant.

PARTICIPE PASSÉ.

SINGULIER.

جلا هُوا ou جلا   Brûlé.

PLURIEL.

جلى هُومى ou جلى   Brûlés.

GÉRONDIF PASSÉ.

جلى هُومى   Ayant brûlé.

Autre Gérondif passé, nommé *Participe plusqueparfait* ou *de suspension.*

جل جلى جلّى جلّكر جلّكرّى جلّكرّكر   Ayant brûlé.

PARADIGME DE LA CONJUGAISON DES VERBES ACTIFS.

Conjugaison du Verbe actif جلدنا Brûler.

INDICATIF.

PRÉSENT INDÉFINI.

SINGULIER.

جلاتا

مَين   Je brûle.

تُو   Tu brûles.

وُه   Il brûle.

PLURIEL.

جلاتى

هم   Nous brûlons.

تُم   Vous brûlez.

وى   Ils brûlent.

PRÉSENT DÉFINI OU ACTUEL.

SINGULIER.	PLURIEL.
(١) مَيِن جلاتا هُون	هم جلاتي هَيِن
تُو جلاتا هَي	تُم جلاتي هو
وُه جلاتا هَي	وى جلاتي هَيِن

IMPARFAIT.

SINGULIER.		PLURIEL.	
مَيِن	Je brûlais.	هم	Nous brûlions.
تُو	Tu brûlais.	تُم	Vous brûliez.
وُه	Il brûlait.	وى	Ils brûlaient.

جلاتا تها   جلاتي تهى

PRÉTÉRIT SIMPLE.

SINGULIER.		PLURIEL.	
(٢) نى مَيِن	Je brûlai.	نى هم	Nous brûlâmes.
نى تُو	Tu brûlas.	نى تُم	Vous brûlâtes.
نى أُس	Il *ou* elle brûla.	نى أُن	Ils *ou* elles brûlèrent.

جلايا   جلايا

(١) Ce temps ne peut se rendre en français ; mais on dirait bien en anglais : *I am burning*, &c.

(٢) La postposition نى accompagne ordinairement le sujet des verbes actifs aux temps passés. Dans ce cas, le verbe est en concordance avec l'objet, si le nom qui l'exprime est au nominatif ; mais il reste invariablement à la troisième personne masculine du singulier, si l'objet est placé à un cas oblique, ou si c'est un membre de phrase. Ainsi on dit :

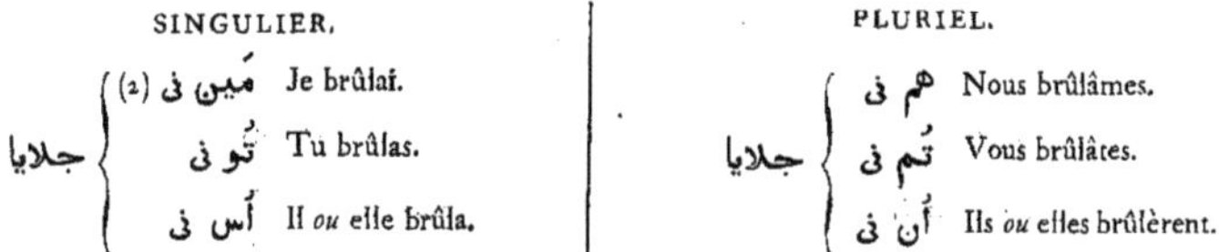

لَڑكى نى لَڑكِي مارى	Le petit garçon a battu la petite fille.
لَڑكِيون نى لَڑكا مارا	Les petites filles ont battu le petit garçon.
لَڑكون نى لَڑكِيان ماريان	Les petits garçons ont battu les petites filles.
لَڑكون نى لَڑكِيون كو مارا	

On voit que cette construction a beaucoup de rapport avec celle de notre participe passé, lorsqu'il est accompagné du verbe *avoir*.

8*

PRÉTÉRIT COMPOSÉ.

SINGULIER.		PLURIEL.	
مَبین نی	J'ai brûlé.	هم نی	Nous avons brûlé.
تُو نی	Tu as brûlé.	تَم نی	Vous avez brûlé.
أُس نی	Il *ou* elle a brûlé.	أُن نی	Ils *ou* elles ont brûlé.

جلادیا هَ (singulier)   جلادیا هَ (pluriel)

PLUSQUEPARFAIT.

SINGULIER.		PLURIEL.	
مَبین نی	J'avais brûlé.	هم نی	Nous avions brûlé.
تُو نی	Tu avais brûlé.	تَم نی	Vous aviez brûlé.
أُس نی	Il *ou* elle avait brûlé.	أُن نی	Ils *ou* elles avaient brûlé.

جلادیا تها (singulier)   جلادیا تها (pluriel)

FUTUR PRÉSENT.

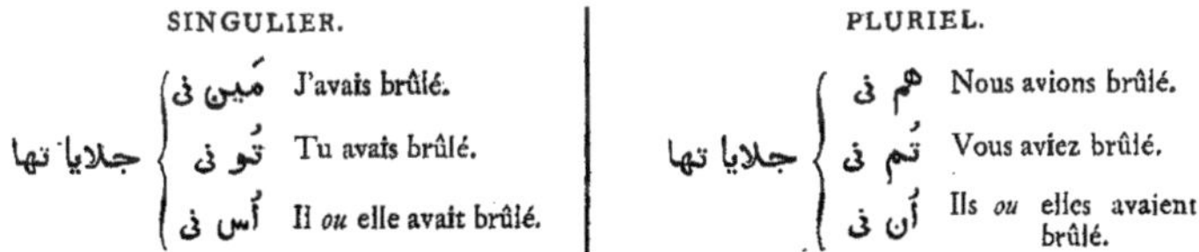

SINGULIER.	PLURIEL.
(١) مَبین جلاتا هوٹون	هم جلاتی هوویں
تُو جلاتا هووی	تَم جلاتی هوءو
وُہ جلاتا هووی	وی جلاتی هوویں

Autre forme.

SINGULIER.	PLURIEL.
مَبین جلاتا هُونٹگا	هم جلاتی هوءینٹگی
تُو جلاتا هوءیگا	تَم جلاتی هوءوگی
وُہ جلاتا هوءیگا	وی جلاتی هوءینٹگی

(١) En anglais : *I shall* ou *will be burning*, &c.

FUTUR INDÉFINI OU AORISTE.

SINGULIER.		PLURIEL.	
مَين جلاوّن	Je brûlerai, *ou* que je brûle. &c.	هم جلاوين	Nous brûlerons, *ou* que nous brûlions. &c.
تُو جلاوى		تُم جلاءو	
وُه جلاوى		وى جلاوين	

FUTUR DÉFINI.

SINGULIER.		PLURIEL.	
مَين جلاوّنگا	Je brûlerai.	هم جلاوينگى	Nous brûlerons.
تُو جلاويگا	Tu brûleras.	تُم جلاءوگى	Vous brûlerez.
وُه جلاويگا	Il brûlera.	وى جلاوينگى	Ils brûleront.

FUTUR PASSÉ OU ANTÉRIEUR.

SINGULIER.		PLURIEL.	
مَين نى	J'aurai brûlé.	هم نى	Nous aurons brûlé.
تُو نى	Tu auras brûlé.	تُم نى	Vous aurez brûlé.
اُس نى	Il *ou* elle aura brûlé.	اُن نى	Ils *ou* elles auront brûlé.

جلايا هووى (singulier) · جلايا هووى (pluriel)

Autre forme.

SINGULIER.		PLURIEL.	
مَين نى	J'aurai brûlé. &c.	هم نى	Nous aurons brûlé. &c.
تُو نى		تُم نى	
اُس نى		اُن نى	

جلايا هوگا (singulier) · جلايا هوگا (pluriel)

CONDITIONNEL.

PRÉSENT.

مَين جلاتا Je brûlerais, &c.

Ce temps est le même que le présent indéfini accompagné d'une conjonction conditionnelle.

PASSÉ.

SINGULIER.	**PLURIEL.**

SINGULIER.

جلايا هوتا

مَبين ن	J'aurais brûlé.
تُو ن	Tu aurais brûlé.
أَس ن	Il *ou* elle aurait brûlé.

PLURIEL.

جلايا هوتا

هم ن	Nous aurions brûlé.
تُم ن	Vous auriez brûlé.
أن ن	Ils *ou* elles auraient brûlé.

IMPÉRATIF.

SINGULIER.

مَبين جلاءمن	Que je brûle.
تُو جلا	Brûle.
وُه جلاوى	Qu'il *ou* qu'elle brûle.

PLURIEL.

هم جلاوين	Brûlons.
تُم جلاءو	Brûlez.
وى جلاوين	Qu'ils *ou* qu'elles brûlent.

PRÉCATIF,

ou Forme respectueuse de l'Impératif et du Futur.

جلاءيى ou جلاءييگا	Brûlez, vous brûlerez.
جلاءيى	{ Brûlons, nous brûlerons. Qu'on brûle ; on brûlera. }
جلاءيو	{ Brûle, qu'il *ou* qu'elle brûle ; tu brûleras, il *ou* elle brûlera. Brûlez, qu'ils *ou* qu'elles brûlent ; vous brûlerez, ils *ou* elles brûleront. }

INFINITIF.

PRÉSENT.

جلاتى — جلاتا   Brûler.

PARTICIPE PRÉSENT.

SINGULIER.	**PLURIEL.**
جلاتا ou جلاتا هُوا Brûlant.	جلاتى ou جلاتى هُوءى Brûlant.

GÉRONDIF PRÉSENT.

جلاتى ou جلاتى هُوءى   En brûlant.

PARTICIPE PASSÉ.

SINGULIER.	PLURIEL.
جلایا هُوا (1) ou جلایا، Brûlé.	جلاءی هُوءی ou جلاءی Brûlés.

GÉRONDIF PASSÉ.

جلاءی هُوءی Ayant brûlé.

Autre Gérondif passé, nommé *Participe plusqueparfait ou de suspension.*

جلاکرکر جلاکرکی جلاکر جلاکی جلاءی جلا Ayant brûlé.

PARADIGME DE LA CONJUGAISON DES VERBES PASSIFS.

Conjugaison du Verbe passif جلایا جانا ÊTRE BRÛLÉ.

INDICATIF.

PRÉSENT INDÉFINI.

SINGULIER.		PLURIEL.	
	مَیں Je suis brûlé.		هم Nous sommes brûlés.
جلایا جاتا	تُو Tu es brûlé.	جلاءی جاتی	تُم Vous êtes brûlés.
	وہ Il est brûlé.		وی Ils sont brûlés.

(1) L'insertion euphonique du ی devant le آ final du participe passé a toujours lieu dans les verbes qui se terminent par آ ou او.

PRÉSENT DÉFINI OU ACTUEL.

SINGULIER.	PLURIEL.
(۱) مَیں جلایا جاتا هُون	هم جلاؤى جاتى هَیں
تُو جلایا جاتا هَ	تُم جلاؤى جاتى هو
وُه جلایا جلاتا هَ	وى جلاؤى جاتى هَیں

IMPARFAIT.

SINGULIER.		PLURIEL.	
	مَیں J'étais brûlé.		هم Nous étions brûlés.
جلایا جاتا تها تُو Tu étais brûlé.	جلاؤى جاتى تهى	تُم Vous étiez brûlés.
	وُه Il était brûlé.		وى Ils étaient brûlés.

PRÉTÉRIT SIMPLE.

SINGULIER.		PLURIEL.	
	مَیں Je fus brûlé.		هم Nous fûmes brûlés.
جلایا گَیا تُو Tu fus brûlé.	جلاؤى گَئى	تُم Vous fûtes brûlés.
	وُه Il fut brûlé.		وى Ils furent brûlés.

PRÉTÉRIT COMPOSÉ.

SINGULIER.	PLURIEL.	
مَیں جلایا گَیا هُون J'ai été brûlé.	هم جلاؤى گَئى هَیں	Nous avons été brûlés.
تُو جلایا گَیا هَ Tu as été brûlé.	تُم جلاؤى گَئى هو	Vous avez été brûlés.
وُه جلایا گَیا هَ Il a été brûlé.	وى جلاؤى گَئى هَیں	Ils ont été brûlés.

(۱) En anglais : *I am being burned*, &c.

PLUSQUEPARFAIT.

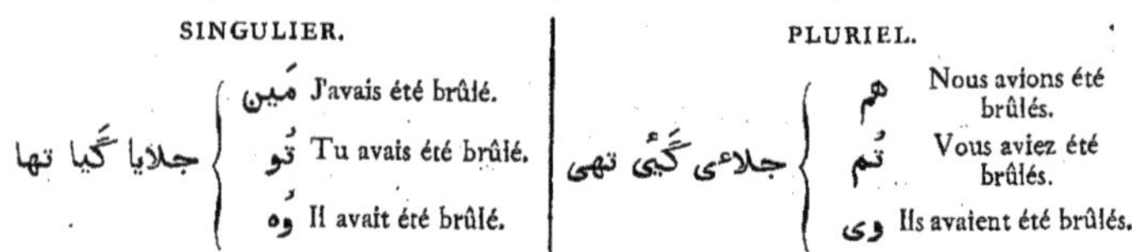

SINGULIER.		PLURIEL.	
مَیں	J'avais été brûlé.	هم	Nous avions été brûlés.
تُو	Tu avais été brûlé.	تُم	Vous aviez été brûlés.
وُه	Il avait été brûlé.	وی	Ils avaient été brûlés.

جلایا گیا تها (singulier) — جلائی گئی تهی (pluriel)

FUTUR PRÉSENT.

SINGULIER.	PLURIEL.
(1) مَیں جلایا جاتا هوتُون	هم جلائی جاتی هووین
تُو جلایا جاتا هووی	تُم جلائی جاتی هوءو
وُه جلایا جاتا هووی	وی جلائی جاتی هووین

Autre forme.

SINGULIER.	PLURIEL.
مَیں جلایا جانا هُونگا	هم جلائی جاتی هونگی
تُو جلایا جاتا هوگا	تُم جلائی جاتی هوگی
وُه جلایا جاتا هوگا	وی جلائی جاتی هونگی

FUTUR INDÉFINI ou AORISTE.

SINGULIER.		PLURIEL.	
مَیں جلایا جاءُون	Je serai brûlé, *ou* que je sois brûlé. &c.	هم جلائی جاوین	Nous serons brûlés, *ou* que nous soyons brûlés. &c.
تُو جلایا جاوی		تُم جلائی جاءو	
وُه جلایا جاوی		وی جلائی جاوین	

(1) En anglais : *I shall* ou *will be being burued.*

FUTUR DÉFINI.

SINGULIER.		PLURIEL.	
مَیں جلایا جاہُونْگا	Je serai brûlé.	ہم جلاۓ جاوینْگی	Nous serons brûlés.
تُو جلایا جاویگا	Tu seras brûlé.	تُم جلاۓ جاٶوگی	Vous serez brûlés.
وُہ جلایا جاویگا	Il sera brûlé.	وی جلاۓ جاوینْگی	Ils seront brûlés.

FUTUR PASSÉ ou ANTÉRIEUR.

SINGULIER.		PLURIEL.	
مَیں جلایا گیا ہوٗون	J'aurai été brûlé.	ہم جلاۓ گَئی ہووین	Nous aurons été brûlés.
تُو جلایا گیا ہووی	Tu auras été brûlé.	تُم جلاۓ گَئی ہوٗو	Vous aurez été brûlés.
وُہ جلایا گیا ہووی	Il aura été brûlé.	وی جلاۓ گَئی ہووین	Ils auront été brûlés.

Autre forme.

SINGULIER.		PLURIEL.	
مَیں جلایا گیا ہُونْگا	J'aurai été brûlé. &c.	ہم جلاۓ گَئی ہونْگی	Nous aurons été brûlés. &c.
تُو جلایا گیا ہوگا		تُم جلاۓ گَئی ہوگی	
وُہ جلایا گیا ہوگا		وی جلاۓ گَئی ہونْگی	

CONDITIONNEL.

PRÉSENT.

مَیں جلایا جاتا	Je serais brûlé, &c.

PASSÉ.

SINGULIER.		PLURIEL.	
مَیں	J'aurais été brûlé.	ہم	Nous aurions été brûlés.
تُو جلایا گیا ہوتا	Tu aurais été brûlé.	تُم جلاۓ گَئی ہوتی	Vous auriez été brûlés.
وہ	Il aurait été brûlé.	وی	Ils auraient été brûlés.

IMPÉRATIF.

SINGULIER.	**PLURIEL.**
مَیں جلایا جاؤں Que je sois brûlé.	ہم جلاۓ جاویں Soyons brûlés.
تُو جلایا جا Sois brûlé.	تُم جلاۓ جاءو Soyez brûlés.
وُہ جلایا جاوی Qu'il soit brûlé.	وی جلاۓ جاویں Qu'ils soient brûlés.

PRÉCATIF,

ou Forme respectueuse de l'Impératif et du Futur.

جلاۓ جاءیو ou جلاۓ جاءییگا — Soyez brûlés, vous serez brûlés.

جلاۓ جاءی — { Soyons brûlés, nous serons brûlés. / Qu'on soit brûlé, on sera brûlé.

جلایا — Sois brûlé, qu'il soit brûlé; tu seras brûlé, tu brûleras.

جلاۓ — { جاءیو } Soyez brûlés, qu'ils soient brûlés; vous serez brûlés, ils seront brûlés.

INFINITIF.

PRÉSENT.

SINGULIER.	**PLURIEL.**
جلایا جانا — جانی Être brûlé.	جلاۓ جانا — جانی Être brûlés.

PARTICIPE PRÉSENT.

SINGULIER.	**PLURIEL.**
جلایا جاتا Étant brûlé.	جلاۓ جاتی Étant brûlés.

GÉRONDIF PRÉSENT.

جلاۓ جاتی Étant brûlé.

PARTICIPE PASSÉ.

SINGULIER.	**PLURIEL.**
جلایا گیا Ayant été brûlé.	جلاۓ گئی Ayant été brûlés.

9*

GÉRONDIF PASSÉ.

جلاءی گیی   Ayant été brûlé.

Autre Gérondif passé, nommé *Participe plusqueparfait ou de suspension.*

جلايا جا جاکی جاکر جاکرّی جاکرکر   Ayant été brûlé.

جلاءی جا جاکی جاکر جاکرّی جاکرکر   Ayant été brûlés.

OBSERVATIONS SUR LES VERBES NEUTRES ET ACTIFS.

Le verbe actif se forme ordinairement du neutre, et le verbe doublement actif, de l'actif, par l'addition de آ ou وا, et quelquefois de او à la racine. La terminaison وا est plus spécialement consacrée aux verbes doublement actifs; ainsi, de جــلانا *brûler*, v. a., se forme le verbe doublement actif جلْوانا *faire que l'on brûle.*

Si la racine de laquelle se forme le verbe actif contient une des lettres ا و ی, ces lettres disparaissent le plus souvent pour faire place aux voyelles brèves analogues, c'est-à-dire, l'*alif* au *fathá* ou *zabar*, l'*ouaou* au *zamma* ou *pech*, et l'*ié* au *kasra* ou *zer*. Ainsi, de جاگنا *se réveiller*, se forme جگانا *réveiller*; de ڈوبنا *se noyer*, ڈبونا *noyer*; de لوبهنا *être amoureux*, لبهــانا *rendre amoureux*; de بهیگنا *être mouillé*, بهگونا *mouiller*; de دیکهنا *voir*, دکهانا *montrer*; de بیٹهنا *s'asseoir*, بٹهــانا *faire asseoir*, &c. (1).

Lorsque les verbes neutres qui se terminent par une des voyelles آ ای ی او, passent à l'actif, ils prennent un ل euphonique avant les terminaisons

______

(1) La même règle s'applique aux noms dérivés: ainsi, de چام *cuir*, se forme چمار *corroyeur;* de سونا *or*, سنار *orfèvre*, &c.

او , آ , et se conforment à la règle précédente. Ainsi, de پینا *boire*, se forme پلانا *faire boire*; de سونا *dormir*, سلانا *endormir*, &c.

Plusieurs verbes neutres d'une ou de deux syllabes, sans voyelle longue, passent à l'actif, en alongeant leur voyelle brève ou la dernière des deux. Ainsi, de کٹنا *être coupé*, se forme کاٹنا *couper*; de نکلنا *sortir*, نکالنا *tirer*, &c.

Dans les racines verbales composées de deux syllabes, la première, affectée d'une voyelle brève quelconque, et la seconde, d'un *zabar*, le *zabar* se retranche au participe passé et à l'aoriste. Ex. : برسنا *pleuvoir*, برسا *il a plu*, برسی *il pleuvra*; سمجهنا *comprendre*, سمجها *il a compris*, سمجهی *il comprendra*, &c. On voit que ce changement euphonique est le même qui est usité dans la déclinaison des noms.

Quelques autres verbes actifs se forment différemment encore; l'usage les fera connaître.

VERBES COMPOSÉS.

Il y en a dix sortes.

1.° LES VERBES ou NOMINAUX ou ADVERBIAUX, formés d'un nom ou d'un adverbe et d'un verbe. Ex. : دور کرنا *éloigner* (*faire éloigné*); رخصت دینا *congédier* (*donner congé*); قبول فرمانا *accepter* (*ordonner acceptation*); قبول هونا *être accepté*; بهم آنا *être acquis*, &c.

2.° VERBES D'INTENSITÉ. Ces verbes, extrêmement usités en hindoustani, se forment en ajoutant à la racine d'un verbe un autre verbe régulièrement conjugué, destiné à développer le sens du premier. Ex. : گر پڑنا *tomber*, چهوڑ دینا *laisser*, &c.

3.° VERBES POTENTIAUX, composés du verbe actif سکنا *pouvoir*, et de la racine d'un autre verbe. Ex. : چل سکنا *pouvoir marcher*, &c.

4.º VERBES COMPLÉTIFS, formés de la même manière avec le verbe neutre چُکْنا *être terminé*. Ex. : بنا چُکْنا *être fini de bâtir*, &c.

5.º VERBES INCHOATIFS, formés du verbe neutre لگْنا *se mettre à*, et de l'infinitif, au cas oblique, d'un autre verbe. Ex. : لکْهنی لگْنا *se mettre à écrire*, &c.

6.º VERBES PERMISSIFS, formés de la même manière avec le verbe actif دینا *donner, permettre*. Ex. : کهیلنی دینا *permettre de jouer*, &c.

7.º VERBES ACQUISITIFS, composés du verbe actif پانا *acquérir*, et d'un infinitif, au cas oblique. Ex. : نکالْنی پانا *venir à bout de faire sortir*, &c.

8.º VERBES DE DESIR ET DE PROXIMITÉ, formés du verbe actif چاهْنا *desirer, demander*, &c., et d'un autre verbe au participe masculin singulier. Ex. : پڑها چاهْنا *vouloir lire*, &c.

9.º VERBES FRÉQUENTATIFS, formés de la même manière avec le verbe actif کرْنا *faire*. Ex. : گایا کرْنا *chanter souvent, avoir l'habitude de chanter* (*cantitare*), &c.

10.º VERBES CONTINUATIFS, composés de l'un des verbes neutres جانا *aller*, آنا *venir*, رهْنا *rester*, et d'un autre verbe ordinairement au participe présent, et quelquefois au passé, s'il est neutre, en concordance avec le nom auquel il se rapporte. Ex. : پڑهتا جاتا هَ *il continue de lire*; روتی رهی *elle continua de pleurer*; چلی آتی هَین *ils viennent en continuant de marcher*, &c.

ADVERBES.

Il me paraît peu utile de donner ici la liste complète des nombreux adverbes usités en hindoustani. Je me bornerai à faire connaître ceux qui sont formés des pronoms يِہ وَہ كَوں جَوں تَوں, lesquels sont extrêmement usités.

ADVERBES							FORMÉS de
DE QUALITÉ.	DE QUANTITÉ OU DE NOMBRE.		DE MANIÈRE.	DE LIEU.		DE TEMPS.	
أَيسا Comme ceci.	اِتْنا ou اِيتْنا Autant.	.... 	يُوں De cette manière-ci.	يِهِيں ou يِهاں Ici.	إِدهر *Idem.*	اب Maintenant.	يِہ Ceci.
وَيسا Comme cela.	اُتْنا ou اوتا *Idem.*	.... 	ووُں De cette manière-là.	وِهِيں ou وهاں Là.	اُدهر *Idem.*	...... 	وَہ Cela.
كَيسا Comment!	كِتْنا ou كِيتْنا Combien!	كِى *Idem.*	كِيُوں Pourquoi!	كِهِيں ou كِهاں Où!	كِدهر *Idem.*	كد ou كب Quand!	كَوں Qui!
جَيسا Comme.	جِتْنا ou جِيتْنا Autant que.	كَى *Idem.*	جِيُوں Comme.	جِهِيں ou جِهاں Là où.	جِدهر *Idem.*	جد ou جب Lorsque.	جَوں Celui qui.
تَيسا Ainsi.	تِتْنا ou تِيتْنا Autant.	كَى *Idem.*	تِيُوں Ainsi.	تِهِيں ou تِهاں Là même.	تِدهر *Idem.*	تد ou تب Alors.	تَوں Celui-là.

PRÉPOSITIONS.

Outre les postpositions, que j'ai fait connaître à l'article de la déclinaison des noms, on se sert aussi, en hindoustani, des prépositions arabes et persanes, et de plusieurs mots indéclinables empruntés à ces langues ou au sanscrit, ou d'origine hindoue, que l'on emploie comme postpositions. Je donnerai seulement ici cette classe de mots.

MOTS INDÉCLINABLES QUI EXIGENT QUE LE NOM QU'ILS GOUVERNENT SOIT SUIVI DE کی.

آگی	Devant.	سبب	A cause de.
اندر	Dedans, dans.	سوا	Outre, excepté.
اوپر	En haut, dessus, sur.	عوض	Au lieu de.
باعث	A cause.	قابل	Susceptible de.
باهر	Dehors, hors.	کنی	Près de, avec.
بدل	Au lieu de.	لائق	Digne de.
برابر	Égal, pareil à.	لئی	Pour.
بهاوین	En considération de, &c.	ماری	A cause de.
بیچ	Dans, parmi.	مطابق	Conforme à.
پار	Au travers de, au-delà.	موافق	D'accord avec.
پاس	Auprès, chez.	موجب	A cause de, au moyen de.
پیچهی	Derrière, après.	نزدیک	Près de, avec.
تابع	Dépendant de.	نیچی	Dessous, sous.
تلی	Dessous, sous.	واسطی	Pour.
تیین	A.	هاتھ	Dans la main de.
ساتھ	Avec.	یهان	Auprès de, avec.
سامهنی	Vis à vis, devant.		

Autres mots empruntés à l'arabe, qui demandent l'emploi
de کی

بابت	Au sujet de.	طرف	Vers, du côté de.
خاطر	Pour.	(1) معرفت	Par, au moyen de.
طرح	Comme.	نسبت	Relativement à, eu égard à.

CONJONCTIONS ET INTERJECTIONS.

L'usage apprendra promptement à l'élève les plus usitées de ces particules.
J'ai jugé inutile d'en donner ici la liste.

(1) ماننـد *comme*, se construit quelquefois avec کی, mais quelquefois aussi avec کے.

MOTS ET SIGNES

QUI SERVENT A LA NUMÉRATION.

NUMÉRATIFS CARDINAUX.

Hindoustani.	SIGNES			Hindoustani.	SIGNES		
	Européens.	Arabes.	Indiens.		Européens.	Arabes.	Indiens.
ایک	1.	١	१	اٹهاره	18.	١٨	१८
دو	2.	٢	२	اُنیس	19.	١٩	१९
تین	3.	٣	३	بیس	20.	٢٠	२०
چار	4.	٤	४	اِکّیس	21.	٢١	२१
پانچ	5.	٥	५	باعیس	22.	٢٢	२२
چهه	6.	٦	६	تیّیس	23.	٢٣	२३
سات	7.	٧	७	چوبیس	24.	٢٤	२४
آٹه	8.	٨	८	کچّیس	25.	٢٥	२५
نو	9.	٩	९	چهبّیس	26.	٢٦	२६
دس	10.	١٠	१०	ستّاعیس	27.	٢٧	२७
اِگاره	11.	١١	११	اٹهاعیس	28.	٢٨	२८
باره	12.	١٢	१२	اُنتّیس	29.	٢٩	२९
تیره	13.	١٣	१३	تیس	30.	٣٠	३०
چوده	14.	١٤	१४	اِکّتیس	31.	٣١	३१
پنّذره	15.	١٥	१५	بتّیس	32.	٣٢	३२
سوله	16.	١٦	१६	تیتّیس	33.	٣٣	३३
سٹره	17.	١٧	१७	چوتیس	34.	٣٤	३४

SUITE DES NUMÉRATIFS CARDINAUX.

Hindoustani.	SIGNES Européens.	Arabes.	Indiens.	Hindoustani.	SIGNES Européens.	Arabes.	Indiens.
پینتیس	35.	٣٥	३५	اٹھاون	58.	٥٨	५८
چھتیس	36.	٣٦	३६	انسٹھ	59.	٥٩	५९
سینتیس	37.	٣٧	३७	ساٹھ	60.	٦٠	६०
اٹھتیس	38.	٣٨	३८	اکسٹھ	61.	٦١	६१
انتالیس	39.	٣٩	३९	باسٹھ	62.	٦٢	६२
چالیس	40.	٤٠	४०	ترسٹھ	63.	٦٣	६३
اکتالیس	41.	٤١	४१	چوسٹھ	64.	٦٤	६४
بیالیس	42.	٤٢	४२	پینسٹھ	65.	٦٥	६५
تیتالیس	43.	٤٣	४३	چھیاسٹھ	66.	٦٦	६६
چوالیس	44.	٤٤	४४	سٹسٹھ	67.	٦٧	६७
پینتالیس	45.	٤٥	४५	اٹھسٹھ	68.	٦٨	६८
چھیالیس	46.	٤٦	४६	انہتر	69.	٦٩	६९
سینتالیس	47.	٤٧	४७	ستر	70.	٧٠	७०
اٹھتالیس	48.	٤٨	४८	اکہتر	71.	٧١	७१
انچاس	49.	٤٩	४९	بہتر	72.	٧٢	७२
پچاس	50.	٥٠	५०	تہتر	73.	٧٣	७३
اکاون	51.	٥١	५१	چوہتر	74.	٧٤	७४
باون	52.	٥٢	५२	پچہتر	75.	٧٥	७५
ترین	53.	٥٣	५३	چھہتر	76.	٧٦	७६
جون	54.	٥٤	५४	ستہتر	77.	٧٧	७७
پچپن	55.	٥٥	५५	اٹھہتر	78.	٧٨	७८
چھپن	56.	٥٦	५६	اناسی	79.	٧٩	७९
ستاون	57.	٥٧	५७	اسی	80.	٨٠	८०

SUITE DES NUMÉRATIFS CARDINAUX.

Hindoustani.	SIGNES			Hindoustani.	SIGNES		
	Européens.	Arabes.	Indiens.		Européens.	Arabes.	Indiens.
اِکاسی	81.	٨١	८१	تِرانوی	93.	٩٣	९३
بیاسی	82.	٨٢	८२	چورانوی	94.	٩٤	९४
تِراسی	83.	٨٣	८३	پچانوی	95.	٩٥	९५
چوراسی	84.	٨٤	८४	چھیانوی	96.	٩٦	९६
پچاسی	85.	٨٥	८५	ستانوی	97.	٩٧	९७
چھیسی	86.	٨٦	८६	اٹھانوی	98.	٩٨	९८
ستاسی	87.	٨٧	८७	نِنانوی	99.	٩٩	९९
اٹھاسی	88.	٨٨	८८	سو ou سی	100.	١٠٠	१००
نواسی	89.	٨٩	८९	ہزار	1,000.	١٠٠٠	१०००
نوّی	90.	٩٠	९०	لاکھ	100,000.	١٠٠٠٠٠	१०००००
اِکانوی	91.	٩١	९१	کروڑ	10,000,000.	١٠٠٠٠٠٠٠	१००००००
بانوی	92.	٩٢	९२	ارب	100,000,000.	١٠٠٠٠٠٠٠٠	१०००००००

NUMÉRATIFS ORDINAUX.

Premier.	پہلا	Sixième.	چھٹھا ou چھٹواں
Deuxième.	دوسرا ou دوجا	Septième.	ساتواں
Troisième.	تیسرا ou تیجا	Huitième.	آٹھواں
Quatrième.	چوتھا	Neuvième.	نواں
Cinquième.	پانچواں	Dixième.	دسواں &c.

NUMÉRATIFS FRACTIONNAIRES.

پاؤو ou چوتھ ou چوتھائی   1/4.

تھائی   1/3.

آدھا   1/2.

پون ou تین پاؤو   3/4.

پونی   retranche 1/4 à 1, 100 et 1,000.

سوا   seul, signifie 1 1/4; devant un nombre, il augmente d'un quart 1, 100 et 1,000.

ساڑھی   ajoute 1/2 à 1, 100 et 1,000.

ڈیڑھ   seul, signifie 1 1/2; devant un nombre, il l'augmente de la moitié.

اڑھائی   seul, signifie 2 1/2; devant un nombre, il le double et l'augmente de la moitié.

EXEMPLES.

ڈیڑھ پاؤو	3/8.	ڈیڑھ سو	150.
دو تھائی	2/3.	اڑھائی سو	250.
پونی دو	1 3/4.	پونی دو سو	175.
سوا دو	2 1/4.	سوا دو سو	225.
پونی تین	2 3/4.	پونی تین سو	275.
سوا تین	3 1/4.	سوا تین سو	325.
ساڑھی تین	3 1/2.	ساڑھی تین سو	350.
پونی چار	3 3/4.	ساڑھی سات سو	750.
سوا چار	4 1/4.	سوا ہزار	1,250.
ساڑھی چار	4 1/2.	ڈیڑھ ہزار	1,500.
پونی بیس	19 3/4.	پونی دو ہزار	1,750.
سوا تیس	30 1/4.	سوا دو ہزار	2,250.
ساڑھی پچاس	50 1/2.	اڑھائی ہزار	2,500.
پونی سو	75.	ساڑھی تین ہزار	3,500.
سوا سو	125.		

EXTRAIT de la Préface de l'ouvrage intitulé *le Jardin et le Printemps*, ou *Aventures de quatre derviches*; par MIR AMMAM, de Dehli (1).

———

حقیقت اُرْدُو کی زبان کی بزرگوں کے مُنْه سے یُوں سُنی ہے کہ دِلّی شہر ہِنْدُووں
کے نزْدیک چوجُگی ہے اُنْہیں کے راجا پرْجا قدیم سے رہْتی تھی اور اپْنی بھاکھا
بولْتی تھی ہزار برس سے مُسلْمانوں کا عمل ہُوا سُلْطان محْمُود غزْنوی آیا پھر غوری
اور لودی بادْشاہ ہُوئے اِس آمد و رفت کے باعث کُجھ زبانوں نے ہِنْدُو مُسلْمان کی
آمِیزش پاءی آخِر امیر تیمُور نے جنْگی گھرانی میں اب تلک نام نِہاد سلْطنت کا
چلا جاتا ہے ہِنْدُوسْتان کو لِیا اُنْکی آنی اور رہْنی سے لشْکر کا بازار شہْر میں
داخِل ہُوا اِس واسْطے شہْر کا بازار اُرْدُو کہْلایا ، جب اکْبر بادْشاہ تخْت پر
بیٹھی تب چاروں طرَف کی مُلکوں سے سب قومر قدْر داِنی اور فَیضْرسانی اِس
خانْدان لا ثانی کی سنْکر حضُور میں آکر جمْع ہُوئے لیکِن ہر ایک کی گویاءی
اور بولی جدی جدی تھی اِکَتّھی ہوئی سے آپس میں لین دین سَودا سلُف سُوال
جواب کرْتی ایک زبان اُرْدُو کی مُقرّر ہُوئی ، جب حضْرت شاہ جہان صاحِب قِران
نے قِلْعہء مُبارک اور جامِع مسْجِد اور شہْر پناہ تعْمیر کرْوایا تب شہْر کو اپْنا دار
الْخِلافت بنایا اور وہاں کی بازار کو اُرْدُوے معّلا خِطاب دِیا ، امیر تیمُور کے عہْد
سے محمّد شاہ کی بادْشاہت بلْکہ احْمد شاہ اور عالمْ گیر ثانی کی وقْت تک پیڑْھی
بہ پیڑْھی سلْطنت یکْسان چلی آءی جدان زبان اُرْدُو کی متّھی متّھی ایسی
متّھی کہ کِسُو شہْر کی بولی اُس سے تکّر نہیں کھاتی ۞

Transcription du morceau précédent en caractères dévanagari.

हकीकत उर्दू की ज़बान की बुजुर्गों के मुंह से यूं सुनी है कि दिल्ली शहर हिन्दूओं के नज़दीक चौयुगी है उन्हीं के राजा पड़ी कदीम से रहते थे और अपनी भाषा बोलते थे हज़ार बरस से मुसल्मानों का अमल हुआ सुल्तान मह्मूद गज्नवी आया फिर गोरी और लोदी बादूशाह हुए इस आमद ओ रफ्त के बाइस कुछ ज़बानों ने हिन्दू मुसल्मान की आमेज़िश पाई आखिर अमीर तीमूर ने जिन्के घराने में अब तलक नाम निहाद सल्तनत का चला जाता है हिन्दूस्तान को लिया उन्के आने और रहने से लश्कर का बाज़ार शहर में दाखिल हुआ इस वास्ते शहर का बाज़ार उर्दू कह्लाया ॥

जब अक्बर बादूशाह तख्त पर बैठे तब चारों तरफ के मुल्कों से सब कौम कद्र दानी और फैज़्रसानी इस खान्दानि ला सानी की सुन्कर हुज़ूर में आकर जम्अ हुए लेकिन हर एक की गोयाई और बोली जुदी जुदी थी इकठ्ठे होने से आपस में लेन देन सौदा सुलुफ सुवाल ज़वाब कर्ते एक ज़बान उर्दू की मुकर्रर हुई ॥

जब हज़रत शाह ज़हान साहिबि किरान ने किला शह्र मुबारक और जामि मस्जिद और शहर पनाह तअ्मीर करवाया तब शहर को अब्बा दारु ल्खिलाफत बनाया और वहां के बाज़ार को उर्दू मुअ्ल्ला खिताब दिया ॥

अमीर तीमूर के अह्द से मुहम्मद शाह की बादूशाहत बल्कि अह्द शाह और आलम गीर सानी के वक्त तक पीढ़ी ब पीढ़ी सल्तनत यक्सान चली आई निदान ज़बान उर्दू की मंज्ते मंज्ते ऐसी मंज़ी कि किसू शहर की बोली उस से ठक्कर नहीं खाती ॥

TRADUCTION.

Voici les détails que je tiens de ma famille, au sujet de l'hindoustani (ourdou). S'il faut en croire les Hindous, la ville de Dehli existe depuis le premier âge du monde : princes et sujets y habitaient dès les temps anciens, et y parlaient leur *bhakha* (l'hindouwi). Mais depuis environ mille ans, cette ville a été soumise aux Musulmans. Le sultan Mahmoud *le Gaznévide* y vint le premier (1); puis les rois de la dynastie des Gaurides et des Laudi (2) y régnèrent. Dès-lors, par l'effet des communications qui s'établirent entre les Hindous et les Musulmans, les langues dont ils se servaient (l'hindouwi et le persan) commencèrent à se mêler. Ensuite Timour s'empara du trône de l'Hindoustan, que sa famille possède encore aujourd'hui. Pendant son séjour à Dehli, le marché de son armée se tint dans la ville : de là le marché prit le nom de *camp* (ourdou) (3).

Lorsque Akbar monta sur le trône, une foule de personnes de toutes les classes, entendant parler de la protection éclairée qu'accordait au mérite l'illustre maison de Timour, accoururent à la cour mogole, des diverses provinces (de l'Inde). Chacun de ces étrangers avait un langage différent; mais, par l'effet de leur réunion, des relations d'affaires et d'agrément eurent lieu entre eux, et la langue hindoustani (ourdou) fut définitivement formée.

A l'époque où le puissant Chah Jahan fit bâtir la forteresse, la grande mosquée et les remparts de Dehli, et y établit sa résidence impériale (4), il donna le nom d'*Ourdoué moualla* (camp illustre ou grand bazar) au marché de Dehli (que l'on nommait simplement *Ourdou*).

Depuis le temps de Timour jusqu'au règne de Mohammed Chah, et même jusqu'au temps d'Ahmed Chah et d'Alamguir II, l'empire passa uniformément d'une génération à l'autre; et l'hindoustani (ourdou) s'étant poli de plus en plus, acquit un tel degré de pureté et d'élégance, qu'aucune autre langue ne saurait lui être aujourd'hui comparée.

(1) En 392 de l'hégire, 1002 de J. C.

(2) Tribu d'Afghans. Voyez la *Statistique de l'Hindoustan (Araïch-i mahfil)*, pag. 209.

(3) Comme c'est sur-tout dans le marché que les Hindous et les Musulmans avaient besoin de s'entendre, notre auteur paraît penser que l'idiome qui a retenu le nom de *langue de camp (ourdou)*, et qui est plus connu sous celui d'*hindoustani*, y prit naissance, mais qu'il ne fut définitivement formé que postérieurement.

(4) Akbar avait transporté la cour de Dehli à Agra; Alamguir, d'Agra à Lahore; et Chah Jahan la fit retourner à Dehli.

ANALYSE GRAMMATICALE.

حقیقت *le récit*, substantif féminin, emprunté à la langue arabe, au nominatif singulier, objet de la proposition.

اُرْدُو *camp*, substantif masculin emprunté à la langue turque, au génitif singulier.

کِی *de*, postposition féminine du génitif, en concordance avec زبان, et gouvernant le mot اُرْدُو. Voyez les Rudimens, p. 33.

زبن *la langue*, substantif féminin emprunté au persan, au génitif singulier.

کِی *de*, postposition féminine du génitif, en concordance avec حقیقت, et gouvernant زبان.

بزرگون *les ancêtres*, génitif pluriel de بزرگ *grand*, adjectif persan employé ici comme substantif masculin.

کی *de*, inflexion de la postposition masculine du génitif کا, en concordance avec مُنْه, et gouvernant بزرگون. Voyez les Rudimens, p. 33.

مُنْه *la bouche*, substantif masculin dérivé du sanscrit, à l'ablatif du singulier.

سی *de*, postposition de l'ablatif, gouvernant مُنْه.

یُوْن *ainsi*, adverbe dérivé du pronom یہ. Voyez la Table des adverbes dérivés des pronoms, p. 71.

سُنِی ہَ *j'ai entendu*, à la lettre, *est entendu*, troisième personne singulière féminine du *prétérit composé* du verbe actif سُنْا *entendre*, dérivé du sanscrit, lequel est formé du participe passé du verbe سُنْا, et du présent auxiliaire du verbe substantif ہونا. Les mots سُنِی ہَ sont en concordance avec l'objet حقیقت. Le sujet مَینْ نْ *je* est sous-entendu. Voyez, au sujet de cette construction, les Rudimens, p. 59.

کہ *que*, conjonction persane.

دِلِّي *Dehli*, nom propre de la ville que l'on nomme aussi شاهجهان
آباد ou *ville de Chah Jahan*. Ce mot, sujet de la proposition,
est au nominatif.

شــهــر *ville*, substantif masculin persan, appositif تابع de دِلِّي.

هِنْدُوءُون *les Hindous* ou *Indiens*, substantif masculin au génitif pluriel.
Le singulier est هِنْدُو, mot persan.

كِي *de*, inflexion de la postposition masculine du génitif كا, en
concordance avec نَزْدِيك, qui est présumé régi par une postposition sous-entendue, et gouvernant هِنْدُوءُون.

نَزْدِيك *auprès*, adjectif persan employé comme postposition. Voyez les
Rudimens, p. 72.

چَوجُگِی *des quatre âges*, adjectif masculin formé du mot hindou چَو
quatre, et du mot sanscrit युग *une des quatre grandes pé-
riodes indiennes*. Ce mot est en concordance avec دِلِّي شهــر
dont il est l'attribut.

هَے *est*, troisième personne singulière du présent de l'indicatif du
verbe هُونا, gouverné par دِلِّي شهــر.

أُنهِيــن *eux*, génitif pluriel du pronom de la troisième personne وُه
dans lequel on a intercalé la particule emphatique هِين *précisément*. Voyez les Rudimens, p. 41.

كِي *de*, inflexion de la postposition masculine du génitif كا, en
concordance avec les deux mots pluriels راجا پُرجا, et gouvernant le pronom أُنهِين.

راجا *rois*, substantif masculin sanscrit, au nominatif pluriel, gouvernant, conjointement avec پُرجا, le verbe suivant رَهتِی تهِی.
راجا est du nombre des mots qui conservent le آ final aux
cas obliques du singulier, et au pluriel. Voyez les Rudimens,
p. 35.

پُرجا *sujets*, substantif masculin sanscrit, au même nombre et au même cas que راجا. Entre ces deux mots, la conjonction اور *et* est sous-entendue.

قديم *ancien* (sous-entendu زمان *le temps*), adjectif arabe, à l'ablatif du singulier.

سى *de*, *dès*, postposition de l'ablatif, gouvernant قديم.

رهتى تهى *restaient*, *habitaient*, troisième personne masculine du pluriel de l'imparfait du verbe neutre hindou رهنا *rester*, &c., formé du participe présent du verbe رهنا, et de l'imparfait auxiliaire du verbe substantif هونا. Ces deux mots sont en concordance avec راجا پرجا. Voyez les Rudimens, p. 54.

اور *et*, conjonction hindoue.

اپنى *leur*, pronom réfléchi, au génitif féminin, en concordance avec le mot suivant.

بهاكها *langue*, et spécialement l'*hindouwi*, substantif féminin au nominatif singulier, mais virtuellement à l'accusatif, étant gouverné par le verbe suivant بولتى تهى. En hindoustani, le régime des verbes actifs, exprimant un objet inanimé, se place souvent au nominatif, lorsque cette construction ne peut jeter du louche dans la phrase. Les verbes qui ont deux régimes au datif ou à l'accusatif, prennent le direct au nominatif, et l'indirect est suivi de la postposition كو. — Le mot بهاكها, qui est sanscrit, s'écrit aussi بهاشا, parce que, en caractères dévanagari, on écrit भाषा, et que la lettre ष, qui se rend ordinairement en hindoustani par كه, se traduit aussi quelquefois par ش.

بولتى تهى *parlaient*, troisième personne masculine du pluriel de l'imparfait du verbe neutre hindou بولنا *parler*, en concordance avec le sujet de la proposition راجا پرجا.

هزار *mille*, numératif cardinal persan, en concordance avec برس.

برس *an*, substantif masculin dérivé du sanscrit, à l'ablatif du singulier, gouverné par la postposition سى. Il est bon de faire

observer ici qu'en hindoustani comme en persan, les noms de
nombre sont ordinairement suivis d'un nom singulier.

سی   *de*, *depuis*, postposition de l'ablatif, régissant برس .

مُسلمانون   *les Musulmans*, génitif pluriel du substantif masculin مُسلمان,
dérivé de l'arabe; on dit au féminin : مُسلمانی *musulmane*.

ک   *de*, postposition du génitif, en concordance avec عمل, et gouvernant مُسلمانون .

عمل   *domination, empire*, substantif masculin, au nominatif singulier, sujet du verbe suivant هوا.

هوا   *a été, a eu lieu*, troisième personne masculine du singulier
du prétérit simple du verbe abstrait هونا, employé ici comme
verbe concret. Voyez les Rudimens, p. 45.

سلطان   *l'empereur*, substantif masculin arabe, au nominatif du singulier, gouvernant le verbe آیا qui suit.

محمود   *Mahmoud*, nom propre, en rapport d'apposition avec سلطان .

غزنوی   *le Gaznévide*, adjectif relatif, en concordance avec les deux mots
précédens, lequel est formé irrégulièrement de غزنه, *ville et
pays d'Asie*, par l'addition du یای نسبتی, ou ی relatif persan.

آیا   *vint*, troisième personne masculine du prétérit simple du verbe
neutre آنا *venir*, dérivé du sanscrit. Dans les verbes terminés
en آ ou en او, on intercale, par euphonie, la lettre ی avant
les lettres formatives du participe passé et du prétérit. On dit
ainsi آیا pour آا. Voyez les Rudimens, p. 63.

پهر   *ensuite*, adverbe hindou.

غوری   *les Gauri* ou *Gaurides*, adjectif relatif, au nominatif pluriel,
dérivé de غور, ville et pays d'Asie.

اور   *et*, conjonction.

لودی   *les Laudi*, adjectif relatif, au nominatif pluriel, qui, conjointement avec غوری, forme le sujet de la proposition.

بادشاه *rois*, substantif masculin persan, au nominatif pluriel, attribut des deux mots précédens.

هوهى *furent*, troisième personne du pluriel masculin du prétérit simple du verbe substantif هونا, gouverné par غـــورى et لودى, et en concordance avec ces mots.

اس *cette*, pronom ou adjectif démonstratif prochain, génitif de يـہ, en concordance avec le mot suivant. Voyez les Rudimens, p. 41.

آمد و رفت *relation, communication*, &c., substantif féminin, au génitif du singulier, composé de trois mots persans : آمد, troisième personne singulière du prétérit du verbe آمدن *venir*; و, conjonction, et رفت, troisième personne singulière du prétérit du verbe رفتن *aller*.

كى *de*, inflexion de la postposition masculine du génitif كا, en concordance avec باعث, qui est censé régi par une postposition sous-entendue, et gouvernant آمد و رفت.

باعـــث *à cause*, participe présent arabe, employé ici comme postposition. Voyez les Rudimens, p. 72.

كهى *quelque*, pronom ou adjectif pronominal indéfini, au singulier nominatif, en concordance avec le mot آميزش qui vient ensuite.

زبانـــون *les langues* : ce mot, déjà expliqué, est ici au pluriel. Il reçoit l'inflexion oblique اون, à cause qu'il est gouverné par la postposition نى, ce qui ne l'empêche pas d'être l'agent ou le sujet du verbe پاءى qui suit.

نى postposition qui désigne le cas instrumental. On peut la rendre par la préposition française *par* ; néanmoins, pour faciliter l'analyse grammaticale des phrases où elle se trouve, je la considérerai, avec la plupart des grammairiens, comme un mot explétif qui accompagne ordinairement l'agent des verbes transitifs aux temps passés. Voyez les Rudimens, p. 59.

هِنْدُو مُسْلْمان *les Hindous et les Musulmans*, substantifs masculins au génitif du singulier, mais pris dans un sens collectif. Entre ces
deux mots, la conjonction اُور est sous-entendue.

کِی *de,* postposition féminine du génitif, en concordance avec
زبانون, mot féminin, et gouvernant هِنْدُو مُسْلْمان.

آمِیزِش *mélange*, substantif féminin persan, régime du verbe پاُئی,
avec lequel il est en concordance. Voy. les Rudimens, p. 59.

پاُئی *trouvèrent* (à la lettre, *fut trouvé*), troisième personne féminine
du singulier du prétérit simple du verbe actif پانا *trouver*, dérivé du
sanscrit, en concordance avec آمِیزِش. Voyez les Rudimens,
p. 59.

آخِر *enfin*, adjectif arabe, pris ici adverbialement.

امِیــر *le prince*, nom substantif masculin arabe, gouverné par la
postposition نے qui suit.

تِیمُور *Timour*, nom propre, appositif تابع du mot précédent امِیر,
et gouverné par la même postposition.

نے postposition instrumentale, gouvernant les mots امِیر تِیمُور,
qui forment le sujet ou l'agent du verbe.

جِنْکی *de qui*, pour جِن کی — جِن, génitif pluriel du pronom relatif جو ou جون, se rapportant à تِیمُور. On doit observer
ici l'emploi du pluriel au lieu du singulier, ce qui a ordinairement lieu, en hindoustani, lorsqu'on parle d'une personne
distinguée. — کی, inflexion de la postposition masculine du
génitif کا, en concordance avec le mot گهرانی, et gouvernant
جِن.

Les mots جِنْکی, &c. jusqu'à جاتا, forment une phrase
incidente.

گهرانی *la famille, maison*, cas commoratif du substantif masculin گهرانا,
dérivé du sanscrit.

مِیــن *dans*, postposition du commoratif qui régit گهرانی. Voyez les
Rudimens, p. 33.

اب تلك *jusqu'à présent*, adverbe composé de اب *actuellement*, et de
تلك , *à* , *jusqu'à*.

نام *le nom*, substantif masculin persan au nominatif singulier, gouvernant چلا جاتا ہَ dont il est le sujet.

نهـــاد *la qualité* (par opposition à نام), substantif masculin persan,
au nominatif singulier, gouvernant چلا جاتا ہَ conjointement
avec نام. Il est bon de faire observer que نهاد est le permutatif بدل de نام ; ces deux mots ne forment donc pas deux
sujets distincts : ils n'exigent pas que le verbe soit mis au
pluriel, ni que la postposition du génitif qui suit prenne l'inflexion consacrée à ce nombre.

سلطنــت *l'empire*, &c., substantif féminin arabe, au génitif singulier.

ک *de*, postposition masculine du génitif, en concordance avec
نهاد نام , et gouvernant سلطنت .

چلا *mis en mouvement*, participe passé du verbe neutre چلنا *marcher*, &c., dérivé du sanscrit, au nominatif singulier masculin.
Ce participe, en concordance avec les mots نهاد نام , forme,
joint au verbe suivant, un verbe composé *continuatif*. Il est essentiel de faire attention à cette expression, qui est fort usitée
en hindoustani. Nous disons de même en français : « Il reste
couché. » Voyez les Rudimens, p. 70.

جاتا ہَ *va (est allant)*, troisième personne masculine du singulier du
présent actuel du verbe neutre جانا *aller*, &c., dérivé du sanscrit, qui s'emploie comme auxiliaire des verbes passifs.

هنْدُوستــان *l'Hindoustan*, nom propre de lieu, à l'accusatif singulier, régime du verbe لیا. Ce mot est composé du nom substantif
هنْدُو *Hindou* ou *Indien*, et de la terminaison persane ستان ,
qui désigne *le lieu*, *le séjour*, &c. Ainsi هنْدُوستان signifie
le séjour des Hindous.

کو postposition du datif et de l'accusatif, qui gouverne ici le mot
précédent à l'accusatif. Voyez les Rudimens, p. 33.

لیــا *prit*, troisième personne masculine du singulier du prétérit simple

irrégulier du verbe لينا *prendre*, dérivé du sanscrit. — L'agent
ou sujet de ce verbe est تيمور, mais ليا n'est point en concordance avec ce mot : il est placé à la troisième personne
du singulier masculin, parce que l'objet de la proposition est
à un cas oblique. Voyez les Rudimens, p. 59.

اُنْكى　pour اُن كى *de lui*, à la lettre, *d'eux*, اُن, génitif pluriel du
pronom de la troisième personne وه, se rapportant à تيمور.
Voyez la remarque précédente sur جنكى — كى, inflexion de
la postposition masculine du génitif كا, en concordance avec
les mots suivans آن et رهنى, et gouvernant اُن.

آن　*la venue*, inflexion de la forme masculine de l'infinitif du verbe
neutre آنا *venir*. Ce mot est ici à l'ablatif, étant gouverné par la
postposition سى qui suit رهنى. Il est nécessaire de faire observer que, lorsque plusieurs mots sont au même cas oblique,
la postposition est ordinairement jointe au dernier seulement,
comme on le voit ici.

اَور　*et*, conjonction.

رهنى　*le rester*, inflexion de la forme masculine de l'infinitif du verbe
neutre رهنا *rester*, au même cas que le mot précédent آن, et
régi par la même postposition.

سى　*par*, postposition de l'ablatif.

لشكر　*l'armée*, substantif masculin persan, au génitif du singulier.

كا　*de*, postposition masculine du génitif, en concordance avec
بازار, et gouvernant لشكر.

بازار　*le marché*, substantif masculin persan, au nominatif du singulier, sujet de la proposition.

شهر　*la ville*, substantif masculin, au cas commoratif.

ميسن　*dans*, postposition du commoratif, régissant شهر. Voyez les
Rudimens, p. 33.

داخل　*introduit*, adjectif emprunté à l'arabe, au nominatif du singulier, en concordance avec بازار dont il est l'attribut.

هُـوا *fut,* troisième personne masculine du singulier du prétérit simple du verbe substantif هونا *être.* Voy. les Rudimens, p. 45.

اِس *cette,* pronom ou adjectif démonstratif prochain, cas oblique de يِہ, en concordance avec le mot واسطى, qui est censé régi par une postposition sous-entendue.

واسطى *cause (pour),* inflexion hindoustani du substantif arabe واسطة *cause, motif,* &c., employée aussi comme postposition. Voyez les Rudimens, p. 72.

شهر *la ville,* substantif masculin au génitif du singulier.

ک *de,* postposition masculine du génitif, en concordance avec بازار, et gouvernant شهر .

بازار *le marché,* substantif masculin, au nominatif singulier, sujet de la proposition.

اردو *camp,* substantif masculin, au nominatif singulier, mais virtuellement à l'accusatif, comme complément de كهلايا .

كهلايا *se nomma,* troisième personne masculine du singulier du prétérit simple du verbe كهلانا *se nommer,* formé du verbe actif كهنا *dire,* et pris ici dans un sens neutre. كهلايا est en concordance avec بازار. Voyez l'observation sur آيا, au sujet de l'intercalation du ى euphonique, p. 63 et 64.

جب *lorsque,* adverbe formé du pronom جون. Voy. les Rudimens, p. 71.

اكبر *Akbar,* nom propre au nominatif, sujet du verbe بيٹهى .

بادشاه *le roi, empereur,* substantif masculin persan, appositif تابع du mot précédent.

تخت *le trône,* substantif masculin persan, au cas nommé *commoratif.*

پر *sur,* postposition du commoratif, laquelle régit ici تخت . Voy. les Rudimens, p. 33.

بيٹهى *s'assit,* à la lettre, *s'assirent,* troisième personne masculine du pluriel du prétérit simple du verbe neutre hindou بيٹهنا

s'asseoir. Le pluriel est ici employé par respect, quoique le sujet اكبر soit au singulier. Voyez la remarque sur جنكى, p. 86.

تسب *alors,* adverbe qui correspond toujours à جب, comme le pronom تون, dont il est formé, correspond à جون. Voyez le Tableau des adverbes dérivés des pronoms, p. 71.

چارون *les quatre,* numératif cardinal emprunté au persan, en concordance avec طرف. Les numératifs cardinaux prennent souvent les affixes du pluriel اون ou او, lors même qu'ils ne sont point suivis d'une postposition.

طرف *côté (s),* substantif féminin arabe, au génitif singulier. Les numératifs sont ordinairement suivis, en hindoustani, du singulier.

كى *de,* inflexion de la postposition du génitif كا, en concordance avec ملكون, et gouvernant طرف.

ملكون *les contrées,* ablatif pluriel du substantif masculin arabe ملك.

سى *de (from),* postposition de l'ablatif, gouvernant ملكون.

سب *toute,* adjectif dérivé du sanscrit, en concordance avec le substantif قوم.

قوم *classe de gens,* substantif masculin arabe, au nominatif du singulier, pris dans un sens collectif, sujet des verbes suivans جمع هوءى et سنكر, آكر.

قدردانى *la connaissance du mérite,* substantif féminin, au nominatif du singulier, composé du substantif arabe قدر *valeur, mérite,* et de دان, participe présent du verbe persan دانستى *savoir, connaître.* Ces deux mots réunis forment d'abord le composé قدردان *connaissant le mérite;* et ensuite, avec l'addition du ياى مصدر ou ى qui sert à former *le nom d'action* ou *abstrait,* ils forment le mot قدردانى. — Ce substantif est ici le régime du verbe suivant سنكر, quoiqu'il ne soit pas suivi de la postposition كو qui indique l'objet ou le but de l'action. Voyez ce que j'ai dit à ce sujet en analysant le mot بهاكها, p. 83.

اور *et*, conjonction.

فیضرسانی *la munificence*, substantif féminin, au nominatif singulier, comme قدردانی, et, comme ce mot, régime du verbe suivant سُنْکر · — فیضرسانی est composé du mot arabe فیض *abondance*, &c., et de رسان, participe présent du verbe persan رسانیدن *faire parvenir*, mots qui forment le substantif masculin composé فیضرسان *celui qui fait parvenir l'abondance*, et par l'addition du یای مصدر, le substantif féminin que nous analysons.

اس *cette*, pronom démonstratif prochain, au génitif singulier, en concordance avec خاندان.

خاندان *famille*, *maison*, substantif masculin persan, au génitif singulier, régi par کی. Le *zer* qui est sous le *noun* est la marque de l'annexion اضافت persane, qui affecte la dernière lettre du substantif que suit son adjectif, comme c'est ici le cas, et qui unit aussi l'antécédent et le conséquent d'un rapport de propriété, comme par exemple : *le cheval d'Ali* اسپ علی.

لا ثانی *sans égale*, adjectif composé de l'adverbe négatif arabe لا *non* et du numératif ordinal également arabe ثانی *second*, au génitif, comme le substantif خاندان avec lequel il est en concordance.

کی *de*, postposition féminine du génitif, en concordance avec les mots précédens قدردانی et فیضرسانی, et gouvernant les mots اس خاندان لا ثانی.

سُنْکر *ayant entendu (appris)*, participe de suspension du verbe actif سُنّا *entendre*; dérivé du sanscrit, lequel est gouverné par le mot قوم qui précède. Voyez les Rudimens, p. 58.

حضور *la cour*, substantif masculin arabe, au commoratif.

میں *dans*, *à*, postposition du commoratif, gouvernant حضور.

آکر *étant venus*, participe de suspension du verbe neutre آنا *venir*, gouverné par le mot précédent قوم.

جَمَع هُوَى *se rassemblèrent*, troisième personne masculine du pluriel du prétérit simple du verbe nominal هونا جَمَع *se réunir*, gouverné par le mot قوم qui précède, avec lequel il est en concordance logique. Ce verbe est formé du nom d'action masculin arabe جَمَع *réunion*, et du verbe substantif هونا. Voy. les Rudimens, p. 69.

ليكِن *mais*, conjonction arabico-persane.

هر ايك *chacun*, pronom indéfini, au génitif singulier, composé de l'adjectif persan هر *tout*, et du numératif sanscrit एक *un*.

كِي *de*, postposition féminine du génitif, en concordance avec le substantif féminin كويائى, et gouvernant هر ايك.

كويائى *le langage*, substantif féminin persan, au nominatif singulier, sujet de la proposition.

أور *et*, conjonction.

بولى synonyme hindou de كويائى, du même genre, au même nombre et au même cas. Ce mot ayant absolument le même sens que le précédent, n'en est qu'une sorte de permutatif بدل : il ne forme donc pas avec ce mot un sujet composé, et le verbe ne doit pas se mettre au pluriel. D'ailleurs, en hindoustani, deux noms au singulier, liés par une conjonction copulative, sont ordinairement accompagnés d'un verbe en concordance avec le dernier, s'ils désignent des êtres inanimés.

جُدى جُدى *séparé, séparé*, adjectifs féminins persans (le masculin est جدا), en concordance avec les substantifs précédens dont ils sont l'attribut, et au singulier par la raison que je viens d'indiquer. La répétition de l'adjectif indique l'individualité.

تهى *était*, troisième personne féminine du singulier de l'imparfait simple du verbe substantif هونا, gouverné par كويائى et بولى.

إكتهى *réunis ensemble*, adjectif masculin, au nominatif pluriel, attribut dépendant de هونى, et se rapportant à هر ايك.

هونی *l'être*, infinitif du verbe substantif هونا, à l'ablatif du singulier masculin.

سی *de (from)*, postposition de l'ablatif, gouvernant le mot précédent.

آپس *eux*, pronom réfléchi, au commoratif. Ce mot s'emploie dans un sens pluriel, devant les postpositions, au lieu de آپ. Voy. les Rudimens, p. 41.

مین *parmi*, postposition du commoratif, gouvernant آپس.

لین دین *trafic, commerce*, &c., substantif masculin, composé de deux mots empruntés, l'un au verbe لينا *prendre*, et l'autre au verbe دينا *donner*, dérivé du sanscrit.

سودا سلف substantif masculin, synonyme du précédent, composé du substantif persan سودا *trafic*, &c., et du nom d'action arabe سلف, qui a le même sens. Les deux mots composés لين دين et سودا سلف sont en rapport d'apposition, et forment, avec le verbe suivant کرنی, un verbe nominal. Voy. les Rudimens, p. 69.

سوال *demande*, }
جواب *réponse*, } substantifs masculins arabes, en rapport d'apposition, qui forment, avec کرنی, un second verbe nominal. — اور est sous-entendu entre ces deux mots et les deux mots précédens.

کرنی *faisant*, gérondif présent du verbe actif کرنا *faire*, dérivé du sanscrit, gouverné par قوم.

ايك *une*, numératif cardinal, adjectif de زبان.

زبان *langue*, substantif féminin, au nominatif singulier, sujet du verbe substantif هوئی qu'il gouverne au féminin.

اُردُو *le camp*, substantif masculin, au génitif singulier.

کی *de*, postposition féminine du génitif, en concordance avec زبان, et gouvernant اُردُو.

مُقرّر *établie, fixée*, participe passé arabe, attribut de زبان.

هؤی *fut*, troisième personne féminine du singulier du prétérit simple du verbe substantif هونا, gouverné par زبان.

جب *lorsque*, adverbe. Voyez le Tableau des adverbes formés des pronoms, p. 71.

حضرت *sa majesté*, à la lettre, *la présence*, substantif féminin arabe, en rapport d'apposition avec les mots suivans.

شاه جهان *Chah Jahan*, à la lettre, *le roi du monde*, titre honorifique لقب de l'empereur mogol, dont le nom propre علم était خرّم. Ces mots, gouvernés par la postposition instrumentale نی, sont le sujet de la proposition.

صاحِبِ قِران *possesseur de la conjonction* (de toutes les planètes dans un des signes du zodiaque). Genghiz-khan prit ce titre, parce que, dit-on, cette conjonction, augure du bonheur, eut lieu lorsqu'il se mit en route pour l'expédition qui devait subjuguer l'Asie. Son descendant Timour prit le même titre, et ses successeurs sur le trône de Dehli l'ont conservé. Ces deux mots, empruntés à l'arabe, sont liés par l'annexion persane, et en rapport d'apposition avec les mots شاه جهان qui précèdent.

نی postposition déjà expliquée, qui gouverne ici la série des mots précédens, depuis حضرت jusqu'à قِران.

قلعهٔ *la forteresse*, substantif masculin, emprunté à l'arabe, au nominatif singulier, mais virtuellement à l'accusatif, comme régime du verbe suivant تعمیر کروایا. — Le *hamza* qui est sur le ه est ici la marque de l'annexion اضافت persane. Voy. les Rudimens, p. 32.

مبارك *bénie*, adjectif arabe, en concordance avec le mot précédent.

أور *et*, conjonction.

جامع مسجد *la grande mosquée*, mots empruntés à l'arabe, en rapport d'apposition, ou, pour mieux dire, ne formant qu'un seul substantif féminin composé, au même cas que قلعه, et gouverné par le même verbe. — Les temples, nommés indifféremment

مسجد جامع ou جامع مسجد ، جامع , sont ceux où l'on célèbre le service du vendredi, que l'on nomme خطبه , mot qui équivaut à *prône* (1). Les autres temples s'appellent simplement مسجد *mosquée.*

اور *et,* conjonction.

شهر پناه *les remparts*, substantif féminin, composé des deux mots persans شهر *ville* et پناه *protection*, au même cas que les deux mots précédens, et gouvernés par le même verbe.

تعمير كروايا *fit bâtir*, troisième pers. masc. du sing. du prétérit simple du verbe nominal تعمير كروانا , composé du nom d'action arabe تعمير *bâtisse*, et du verbe doublement actif كروانا *faire faire*, formé du verbe actif كرنا *faire.* Ce verbe est ici en concordance avec شهر پناه ; conformément à la règle exposée p. 92, ligne 19 et suiv. Voyez aussi, au sujet de la construction usitée avec نے , les Rudimens, p. 59.

تب *alors*, adverbe. Voy. le Tableau des adverbes formés des pronoms, p. 71.

شهر *la ville (cette ville)*, substantif masculin, à l'accusatif du singulier, gouverné par la postposition کو , second régime du verbe suivant بنايا .

کو postposition du datif et de l'accusatif, gouvernant ici le substantif شهر , à l'accusatif.

اپنا *de lui*, pronom réfléchi, à la forme du génitif masculin, qui équivaut à کا , en concordance avec دار الخلافت .

دار الخلافت *la résidence impériale*, à la lettre, *le palais du khalifat,* annexion toute arabe du mot دار , et du mot خلافت , accompagné de l'article ال . Lorsqu'on emploie, en hindoustani, cette annexion, ce qui est assez rare, on marque ordinairement la dernière lettre du premier mot, d'un *pech,* voyelle

<hr>

(1) Les personnes qui seraient bien aises de connaître les formules des prônes musulmans, en trouveront la traduction dans mon ouvrage intitulé *Doctrine et devoirs de la religion musulmane.*

qui indique le nominatif en arabe, et les deux mots sont censés n'en former qu'un seul. — دارُ الْخِلافت, que nous analysons, est un substantif masculin, au nominatif singulier, mais virtuellement à l'accusatif, comme premier régime du verbe suivant بنايا. Il est bon de rappeler l'observation que j'ai faite, que, lorsqu'un verbe a deux régimes, un direct et l'autre indirect, on place ordinairement le direct au nominatif pour éviter la confusion.

بنايا   *il fit,* troisième pers. masc. du sing. du prétérit simple du verbe actif بنانا *faire,* formé du neutre hindou بنّا *être fait.* بنايا est en concordance avec son objet, et premier complément دارُ الْخِلافت. Il a le même sujet que تعمير كروايا. Voyez les Rudimens, p. 59.

أور   *et,* conjonction.

وهان   *là,* adverbe. Voy. le Tableau des adverbes formés des pronoms, p. 71.

كى   *de,* inflexion de la postposition masculine du génitif كا, en concordance avec بازار, et gouvernant l'adverbe وهان.

بازار   *le marché,* substantif masculin persan, à l'accusatif du singulier, second régime du verbe suivant خِطاب ديا.

كو   postposition de l'accusatif, gouvernant à ce cas le mot précédent بازار.

أُرْدُوى   *camp,* substantif masculin, au nominatif singulier, mais virtuellement à l'accusatif comme premier régime du verbe suivant خِطاب ديا (Voyez ce qui est dit plus haut au sujet de دارُ الْخِلافت). J'ai déjà fait connaître le mot أُرْدُو; mais je dois faire observer ici que le ى que l'on voit après ce mot est la marque de l'annexion اضافت persane, qui s'indique de cette manière, lorsque le mot qui doit la recevoir se termine par un ا ou un و. Dans ce cas, ce ى est مَجْهُول, c'est-à-dire qu'il se prononce *é,* même en Perse, ce qui n'a été observé, je crois, dans aucune grammaire persane.

مُعَلّٰى *élevé, grand,* participe passé arabe, en concordance avec أُرْدُو.

خِطَاب دِيَا *il appela,* troisième pers. masc. du sing. du prétérit simple du verbe nominal خِطَاب دِينَا *donner (en) titre,* composé du nom d'action arabe خِطَاب, et du verbe دِينَا, dont le participe دِيَا est formé irrégulièrement de la racine دے. — Ce verbe composé est en concordance avec son objet, et premier régime أُرْدُوى مُعَلّٰى. Voyez les Rudîmens, p. 59.

اميرِ تِيمُور *le prince Timour.* Voyez, p. 86, l'analyse de ces deux mots, qui sont ici au génitif.

كى *de,* inflexion de la postposition masculine du génitif كا, en concordance avec عَهْد, et gouvernant اميرِ تِيمُور.

عَهْد *le temps,* substantif masculin emprunté à l'arabe, à l'ablatif du singulier.

سى *de, depuis,* postposition de l'ablatif, employée ici pour indiquer le point de départ, par opposition à l'adverbe suivant تَك, qui désigne le terme.

مُحَمّد شاه *Mohammed Chah,* nom propre au génitif, composé des deux mots, en rapport d'apposition, مُحَمّد et شاه *roi,* substantif masculin persan.

كى *de,* postposition féminine du génitif, en concordance avec le substantif féminin بادْشاهت, et gouvernant مُحَمّد شاه.

بادْشاهت *le règne,* substantif féminin, dérivé du persan, gouverné par l'adverbe تَك qui vient après وَقْت, et qui est ici considéré comme une postposition.

بَلْكِه *et même,* adverbe, composé de la conjonction arabe بَل *mais,* et de la conjonction persane كِه *que.*

اَحْمد شاه *Ahmed Chah,* nom propre (qu'il faut analyser comme مُحَمّد شاه qui précède), au génitif, gouverné par la postposition كى qui suit.

اَور *et,* conjonction.

13

عالم گیر *Alam guir*, nom propre, composé du substantif masculin arabe عالم *monde*, et de گیر, participe présent apocopé du verbe persan گیرفتن *prendre*, au même cas que le précédent, et gouverné par la même postposition.

ثانی *deuxième*, numératif ordinal arabe, au masculin, en concordance avec عالم گیر.

کی *de*, inflexion de la postposition masculine du génitif کا, en concordance avec وقت, qui est gouverné par تك, et régissant احمد شاه et عالم گیر.

وقت *le temps*, substantif masculin arabe, gouverné par تك.

تك *à, jusqu'à*, adverbe, employé ici comme postposition, et gouvernant بادشاهت et وقت.

پیڑھی به پیڑھی *génération à génération*, expression adverbiale, ou adverbe composé de la répétition de پیڑھی, substantif féminin dérivé du sanscrit, et de به, préposition persane.

سلطنت *le sultanat*, substantif féminin arabe, sujet du verbe چلی آئی.

یك سان *également*, adjectif employé adverbialement, et composé du numératif cardinal persan یك *un*, et du substantif féminin également persan سان *ressemblance*.

چلی *mis en mouvement*, participe passé féminin sing. du verbe neutre چلنا *se mouvoir*, en concordance avec le substantif féminin سلطنت. — Ce mot forme, avec le suivant, un verbe composé, de la classe de ceux que l'on nomme *continuatifs*. Voy. les Rudimens, p. 70.

آئی *vint*, troisième personne féminine du singulier du prétérit simple du verbe neutre آنا *venir*, régi par son sujet سلطنت.

بدان *à la fin*, adverbe sanscrit.

زبان اُردوكی *la langue de camp*. Il est inutile de répéter l'analyse de ces mots; il suffira de dire que زبان est ici au nominatif, et gouverne le verbe suivant منجهی.

منجتی منجتی *se polissant, se polissant,* gérondif présent du verbe neutre منجنا *se polir,* dérivé du sanscrit. La répétition d'un verbe indique en général la continuité de l'action, et c'est ici le cas. Toutefois, la répétition des noms, pronoms, adjectifs, participes et numéraux, est employée dans un sens distributif.

أیسی *tellement,* forme féminine de l'adverbe أیسا, en concordance avec le verbe suivant. Voyez les Rudimens p. 71.

منجی *se polit,* troisième pers. féminine du sing. du prétérit simple du verbe neutre منجنا, en concordance avec son sujet زبان.

که *que,* conjonction persane.

کسو *une,* génitif singulier du pronom indéfini که, en concordance avec شهر dont il est adjectif. Voyez les Rudimens, p. 43.

شهر *ville,* nom substantif masculin, au génitif singulier, gouverné par کی.

کی *de,* postposition féminine du génitif, en concordance avec بولی, et gouvernant شهر.

بولی *le langage,* substantif féminin, au nominatif singulier, sujet du verbe suivant کهاتی.

اُس *elle,* ablatif du pronom de la troisième personne وہ.

سی *avec,* postposition de l'ablatif, gouvernant le pronom précédent اُس.

تکر *égalité,* substantif féminin hindou, au nominatif singulier, régime du verbe suivant کهاتی.

نهین *ne,* adverbe négatif, dérivé du sanscrit.

کهاتی *supporte,* troisième pers. féminine du sing. du présent indéfini du verbe actif کهانا, dérivé du sanscrit, en concordance avec son sujet بولی. Ce verbe, qui signifie proprement *manger,* se prend métaphoriquement dans celui de *souffrir, recevoir,* &c., comme خوردن en persan.

FIN.

TABLE DES MATIÈRES.

لا

سہ ہی نوری یوت کام لاکن میر سمجھا واکہ ہمری بچی دکان پرلوا تیرہ بیٹھا کر اکی ماتا پیا دیکھیں تو غصہ

ہوہیں اور ما یہیں تو اکیا ریوہیں پردہ اوت ہمری بیٹکان وہرہیں سنت ہی اور جب ہم روہی کیا کہی جات ہیں

ہمری بچی دکان مراد ت ہی اور اکی سنگ جو پراجی کرت ہی تگھا جا ہی کہ او بگھا گھر میں ملہی اس سکہ طرح بودہا دو

کر اکی کا اسکا سنگ جبا مڑوی اور ہیں تو اکدن اسکا پڑتنا بلکھہ ڑا ہوہی اور ہمسی ہہسی اپنا لجدہ ن نہوہی

اکی ماتا پیا کا سامنے تو اجانا ہی کہ جکی پہی پڑت ہیں او دیکھا پچہت کہی بنا ہیں صورت ہیں اور توری

بعاہی کی سنگ بوار کرکی ہم اس جھگب ہیں پڑی ہیں کہ کہہ کہی ہیں سنت ہی جو روپہ تور ہیں تیں لبس بنا اہیں لتی

ایک کوڑی اہانسی ہہیں دیس ہی جب ہوا کر لگاد اکر سکانہ اکی دواری ہرجات ہی تو گھرہان لکت ت

اور جو کہہو راہ ہا ت میں ہیت ہوت ہی تو ہال ٹو لاکرت ہی ان ہاتن نسی اس سانا جات ہی اکی ہت روپینہ دیکھئے

ہاہیں ہی اور بنا ہاس کہی کہہوں نہ دہہی

APPENDICE

AUX RUDIMENS

DE LA LANGUE HINDOUSTANI,

A L'USAGE DES ÉLÈVES DE L'ÉCOLE ROYALE ET SPÉCIALE
DES LANGUES ORIENTALES VIVANTES;

CONTENANT,

OUTRE QUELQUES ADDITIONS A LA GRAMMAIRE,

DES LETTRES HINDOUSTANI ORIGINALES,

ACCOMPAGNÉES

D'UNE TRADUCTION ET DE *FAC-SIMILE*.

PAR M. GARCIN DE TASSY.

نحو كلام ميں جيسى نمك طعام ميں

« La grammaire est pour le discours, ce qu'est
« le sel pour les mets. »

PARIS.
IMPRIMÉ PAR AUTORISATION DU ROI,
A L'IMPRIMERIE ROYALE.

M DCCC XXXIII.

A PARIS,

Chez DE BURE frères, libraires de la Bibliothèque du Roi,
rue Serpente, n° 7.

————————

ON TROUVE CHEZ LES MÊMES LIBRAIRES:

RUDIMENS DE LA LANGUE HINDOUSTANI, à l'usage des élèves de l'École royale et spéciale des langues orientales vivantes, par M. GARCIN DE TASSY. Paris, Imprimerie royale, 1829, in-4°, br..9 fr.

GRAMMAIRE ARABE, 2ᵉ édition, par M. SILVESTRE DE SACY, 2 vol. grand in-8° avec figures, br... 42 fr.

ANTHOLOGIE GRAMMATICALE ARABE, par le même, in-8°, br....:............. 25 fr.

CHRESTOMATHIE ARABE, par le même, 3 vol. in-8°, br...................... 63 fr.

Et tous les autres ouvrages de M. le baron SILVESTRE DE SACY.

CONTES TURCS, en langue turque, par BELLETÊTE. Paris, 1812, in-4°, br...... 8 fr.

Un grand nombre d'ouvrages de littérature orientale, et entre autres les ouvrages publiés à Londres, par le comité de traduction, aux frais de la Société royale asiatique.

PRÉFACE.

Depuis l'impression de mes Rudimens de la langue hindoustani, j'ai eu occasion de réunir quelques lettres originales en cette langue importante, et j'ai pensé que ce serait rendre service à mes auditeurs, et à tous ceux qui se livrent à l'étude de la langue nationale de l'Inde, que de publier ces lettres, en ayant soin de les accompagner d'une traduction et de *fac-simile,* qui puissent servir en même temps de modèles, tant de l'écriture persane de l'Inde, soit *nastalic,* soit *chikāsta,* que du caractère nagari ou dévanagari cursif. Je dois ces lettres à MM. le major Antony Troyer, de Calcutta, le capitaine James Michael, d'Haileybury, Duncan Forbes, de l'*Oriental Institution* de Londres, et à mes anciens auditeurs, MM. Amédée Blin, de Pondichéry, et les docteurs Eusèbe de Salle et G. A. Herklots de Madras. Une de ces lettres m'a été adressée par le brahmane célèbre, Ram Mohan Raé.

Les savans orientalistes MM. Gilchrist et Shakespear ont publié l'un et l'autre quelques lettres hindoustani en caractères persans (1). Le premier en a donné huit, dans son

(1) Dans la grammaire hindoustani, intitulée *Toufa-e Elphinstone,* et publiée à Bombay en 1823, on trouve aussi, pag. 26 et suiv., une pétition, en caractères persans, adressée à un juge.

1.

Hindee moral Preceptor, et le second, huit aussi, dans ses *Hindustani Selections,* mais sans traduction ni *fac-simile.* Je ne sache pas qu'on en ait publié d'autres. Celles que je donne aujourd'hui au nombre de vingt et une paraissent pour la première fois : elles ont été écrites en différens lieux de l'Inde française et britannique, et dans les deux caractères usités en hindoustani. Elles roulent sur divers sujets, et sont bien propres à faire connaître le style épistolaire hindoustani. En les étudiant, on acquerra la facilité de lire les lettres des natifs de l'Inde, et on se mettra à même d'écrire soi-même en leur langue.

La plupart de ces lettres sont sans signature, parce que l'empreinte du cachet qu'on pose sur l'enveloppe en tient ordinairement lieu. Elles ne contiennent presque toutes, ni la date, ni le nom de la ville où elles ont été écrites, parce qu'on met rarement cette indication dans l'Inde, ainsi qu'on peut le voir dans la *Collection des lettres persanes originales,* publiées par le savant major C. Stewart. En effet, une grande partie des lettres qu'il a données sont pareilles, sous ce point de vue, à celles qui sont imprimées ici. Dans les originaux de quelques-unes des lettres que j'ai publiées, on a suivi, en certains cas, une orthographe différente de celle qui est adoptée dans les ouvrages imprimés. Il suffit d'avoir lu quelques lignes dans des manuscrits hindoustani, pour connaître ces légères différences, dont les principales consistent à remplacer les quatre points des lettres cérébrales, par le ط dental emphatique arabe; à séparer quelquefois de la racine, les désinences qu'on écrit ordinairement en un seul mot; enfin à mettre les voyelles longues اُ و ى, pour les brèves اِ اَ. J'ai du reste réformé généralement tout cela dans la transcription.

A la suite des lettres on trouvera quelques additions à mes Rudimens, et notamment à l'avant-propos que j'aurais mieux fait d'intituler *Mémoire sur la langue et la littérature hindoustani*, et qui aujourd'hui aura plus de droit à être ainsi désigné, à cause des notions nouvelles que je donne sur cet idiome, principalement sous le point de vue littéraire.

J'ose espérer que les amis de l'Inde recevront avec intérêt ce nouvel opuscule, et qu'il obtiendra d'eux les mêmes témoignages d'approbation qui ont accueilli les Rudimens dont il est une suite.

APPENDICE

AUX RUDIMENS

DE LA LANGUE HINDOUSTANI.

TRADUCTION.

I.

O lampe de l'assemblée de l'amitié, que Dieu fasse toujours briller votre lumière !

Il y a long-temps qu'aucune lettre ne m'est parvenue de votre part, et que personne ne m'a donné des nouvelles de votre santé : je n'ai pas même été dans le cas de voir des gens venant du côté où vous résidez, en sorte que j'aie pu leur en demander ; aussi suis-je extrêmement inquiet. Il est donc essentiel qu'à la réception de cette lettre, vous vouliez bien m'écrire deux ou quatre lignes pour m'instruire de l'état de votre santé, afin que mon esprit recouvre le repos.

J'ai besoin d'un peu d'eau de rose ; si cela se peut, veuillez m'en envoyer deux ou trois flacons, sur le bateau de quelque marchand. Faites-moi savoir ce qu'ils auront coûté, et je m'empresserai de vous en envoyer le montant en une lettre de change.

Mais pourquoi vous importunerais-je davantage ?

Que la rose de votre bonheur soit toujours épanouie !

LETTRES HINDOUSTANI

ORIGINALES.

TEXTE HINDOUSTANI.

هندوستانی خط اصلی

١

محبت کی مجلس کی چراغ خدا تمکو همیشه روشن رکھی
مدّت هوئی که نه کوئی خط تمهارا مجھی پهنچا نه کچھ خبر تمهاری خیریت کی کسو
کی زبانی سنی مین آئی نه اس طرف کی آنی والون سی کسوکی ساتھ ملاقات کا اتفاق هوا
جو احوال تمهارا پوچهتا اس لیّی خاطر میری نهایت متفکّر ہی چاهیّی که اس خط کی
پهنچتی ہی دو چار سطرین اپنی خیر وعافیت کی لکھ کر بهیجیّی که میری دل کو
اطمینان حاصل هووی اور مجھی تھوڑا سا گلاب درکار ہی اگر هو سکی تو دو تین
قرابی گلاب کی کسی بیوپاری کی کشتی مین بهیج دیجیّی اور قیمت اسکی جو کچھ هو
سو لکھ کر ارسال کیجیّی که یهان سی بطریق هنڈوی کی تمهاری خدمت مین
بهیجا جائی   زیاده کیا تصدیع دینی مین آوی
اقبال کا گل همیشه شگفته ری

II.

Excellent Monsieur, bon et généreux, compatissant envers les malheureux, que Dieu très-haut vous conserve, vous, votre épouse et vos enfans!

Après vous avoir offert mes salutations et mes vœux, et vous avoir exprimé le désir de vous voir, désir que la plume ne saurait décrire, et celui de converser avec vous, ce qui ne peut s'exprimer par la langue; je vais, pour abréger, vous parler de suite de ce qui me concerne.

Grâce à Dieu, par sa bonté et votre bienveillance, tant moi que mes parens, nous sommes jusqu'aujourd'hui 10 de juillet (1827) dans un état heureux; et nous adressons à la justice éternelle, jour et nuit, que dis-je, à chaque instant, des vœux pour votre bonheur et votre santé.

La lettre dont vous m'avez honoré, datée du 2 juin, m'est parvenue le 4 juillet. J'ai été très-content et satisfait de ce que vous m'y dites : vos aimables paroles ont humecté le parterre de mon cœur. J'ai appliqué à mes yeux cette lettre écrite par votre main bénie, et l'ayant couverte de baisers, je l'ai placée à droite du chemin de mon cœur.

Quoique en apparence je sois éloigné de vous, toutefois mon cœur reste toujours en votre présence. Dieu m'est témoin que de l'œil de mon cœur je suis toujours honoré de votre gracieuse rencontre. Conformément à l'ordre élevé exprimé dans votre lettre, j'ai présenté vos salutations à MM. Duhazier et du Rhône.

Je n'ai pas besoin de vous recommander Abd-ullah khan; car je sais que vous le traitez mieux que ne le feraient son père et sa mère. J'ignore du reste pourquoi on vous a appelé (à Pondichéry), ainsi que le respectable Abd-ullah khan, Youssouf Beg et le cheïkh Houçaïn, qui est mon bon ami.

Conformément à vos ordres, je vais vous envoyer, sous peu de jours, un bon livre que j'ai écrit de ma main.

Le cheïkh Farid se porte bien; il a fidèlement remis ce dont il était chargé.

۲

صاحب مشفق مهربان فیض بخشنی والی اور غریبون کو پرورش کرنی هاری سلامت
رکهی الله تعالی تمهاری تیّن اور تمهاری عیال واطفال کو
بعد از عرض کرنی سلام نیاز کی اور آرزو ملاقات کی نه اس قدر هی که قلم سی لکها
جاوی اور تمنّا هکلامی کی نه اس قدر هی که زبان سی کهها جاوی اسواسطی ملاقات
کی اشتیاق کو یك دو لفظ مین آخر کرکر آپ کی خدمت عالی مین احوال اپنا
ظاهر کرتا هون لحمد لله الله تعالی کی فضل سی اور آپ کی مهربانی سی مین اور میری
اقربا زلیت کی مهبنیکی دسوین تاریخ تك خیریت سی هین آپ کی خیر وعافیت کی
واسطی شب وروز بلکه هر هر دم حق سبحانه وتعالی کی جناب مین دعا کرتی هین
مهربان سلامت آپکا عنایت نامه جو زیّین کی دوسری تاریخ کا لکها هوا زلیت کی
چوتهی کو پهنچا اسکی مضمون سی یه فدوی بهت خوش وخرّم اور مسرور هوا اور
تمهاری خوش عبارت نی میری دل کی گلشن کو طراوت بخشی اور تمهاری دست
مبارك سی لکهی هوئی خط کو مین آنکهون کو لگا کر هزارها بوسی دیکر مین اپنی
دلکی گلی کی یمنی کر رکها هون   حسن میری   اگرچه ظاهر مین مین تمهاری
خدمت سی دور هون لیکن دل میرا هیشه تمهاری حضور مین رهتا هی خدا آگاه
هی مین هیشه اپنی چشم دل سی تمهاری ملاقات فیض آیات سی مفتظر هون آپ اپنی
خط مین لکهی تهی که موسیّی دوازیّی صاحب کو اور دورون صاحب کو سلام بولو
کرکر آپ کی حکم اشرف کی موافق ان صاحبون کو که دیا عبد الله خان کی واسطی
مین آپسی کچه سفارش کرنا ضرور نهین کسواسطی که آپ اسمیــرمان باپ سی زیاده
الطان رکهتی هین بڑی صاحب کو عبد الله خان یوسف بیك اور شیخ حسین کو
وهان بلا بهیجنیکا سبب کچه معلوم نهین هوا شیخ بڑی میری دوست هین اپکی
فرمایش کی موافق اور تهوڑی دنون مین یك بهتر کتاب مین اپنی هاته سی لکهکر
بهیجتا هون شیخ فرید خوب هین اپنی امانت پهنچا دیا میری استاد حضرت قادر
حسین صاحب کی جناب فیضمآب مین اس فدوی کی طرن سی آداب قدم بوس عرض

Je vous prie de présenter mes respectueux complimens à l'excellent et honorable Cadir Houçaïn.

Mon bienfaiteur, si vous désirez quelque chose d'ici, daignez me le faire savoir; je m'estimerai heureux de recevoir vos ordres, et ferai tout mon possible pour vous satisfaire.

J'espère que vous continuerez à me donner de bonnes nouvelles de votre santé précieuse et de celle de Mlle votre fille.

Veuillez bien saluer pour moi le commandant M. de l'Arche, et le capitaine M. Lumière.

Vous qui connaissez l'importance des connaissances, je vous engage à étudier, dans vos momens de loisir, (l'hindoustani).

Le pays où je suis (1) est étonnant; on voit partout des Musulmans qui sont des dieux sous des traits humains. Mais jour et nuit, dans les rues et ruelles, dans les boutiques et les bazars, je n'ai guère entendu parler que la langue orissa (2); aussi considéré-je positivement cette ville comme une prison que Dieu fait habiter par des coupables pour les punir. Si je reste encore ici quelque temps, j'oublierai sans doute tout-à-fait ma langue maternelle (l'hindoustani); veuillez bien le croire. Les habitans s'occupent tous de commerce, ils paraissent heureux, et la ville leur plaît. Au reste, vous l'avez honorée de votre présence pendant quelques jours: ainsi il est inutile que je vous en explique les usages; je me tais donc.

La manière dont le service se fait ici, c'est qu'au lieu d'un capitaine, un lieutenant, un sous-lieutenant, un soubahdar (3) et un jamadar (4), il n'y a plus qu'un capitaine et un soubahdar; mais vous savez tout cela, et il est superflu d'entrer dans plus de détails.

Quoique vous ayez éloigné d'auprès de vous votre obéissant serviteur, que votre bienveillance pour lui, ô mon patron, ne souffre pas de di-

(1) Il s'agit ici, je crois, d'Yanaoun, possession française sur la côte d'Orissa.

(2) Cette langue nommée dans le texte *ourouï*, est plus ordinairement désignée sous le nom d'*orissa*: on l'appelle aussi *outkala* et *ouria*.

(3) Ce nom indique proprement le chef d'une province; mais il se donne aussi à un officier militaire des Sipahis, dont le rang équivaut à celui de capitaine. Shakespear, *Hind. Dict.* pag. 561.

(4) Officier des Sipahis. *Ibid.* pag. 302.

کرنا الطاف فرمائی والی میری اگر صاحب کو یہاں کی اشیا کچھ مطلوب ہو

تو مجھ (1) پر توجّہ فرماکر فرمایش کیجیٔ تو میں اپنی سرفرازی سمجھکر حتّی

المقدور بخوشی تمام ارسال رکھونگا مجھسی امید ہے کہ صاحب کی اور صاحب

زادی کی مزاج مبارک کی خوشخبری سی خوشحالی بخشتی رہینگی کمندان دلارش

صاحب اور کیتان لمیر صاحب کو میرا سلام بولنا صاحب میری آپکی فرصت کی وقت

مشق کرتی رہنا بہتر ہے ای جوہر شناس یہ عجب ملک ہے کہ اس جوحدیمیں

مسلمان مرد آدمی کی صورت اپروپ ہے رات دن گلی کوچی میں اور ہاٹ بازار میں

سوای اروی زبان کی آواز کسی دوسری زبان ابتک نہیں سنا پس میں اپنی دلمیں

یقین کر چکا کہ یہ بستی یک قید خانہ ہے جو گناہ گاروں کو تازیر (تعذیر) دینی

کی لیٔ خدای تعالی بسایا ہے اگر اسیطرح تھوڑی روز یہاں رہوں تو میں اپنی ذات کی

زبان مطلق بھول جاؤنگا اس بات میں آپ ہرگز شک نلایٔ ہے لیکن یہاں کی ریٔیس

تمام سوداگر ہیں اور تجارت کی سبب سی مرفع (مرقّہ) لحال ہیں اور شہر بھی انکی

پسند آیا ہے غرض آپ بھی تو اس بستی کی رونق افزا ہوکر تھوڑی روز یہاں تشریف

رکھی تھی پس اس بستیکا ڈول آپسی بیان کرنا زیادہ سمجھ کر خاموش ہوا صاحب

میری یہاں کی نوکری کی کیفیت یہ ہے کہ جس جگہ یک کپیتان یسک

لوتنان یک سو لوتنان یک سوبیدار (صوبہ دار) اور یک جمعدار رہتی تھی انجای پر

یک کپتان اور یک سوبیدار رہتی ہین سو تمکو تو خوب عیان ہے پس لکھنا کیا حاجت

بندہ پرور سلامت یہ فرمان بردار دور ہے کرکر آپ کی الطاف اور مہربانی

میں کچھ کمر نا کرنا مجھی آپکی حضور میں ہمیشہ حاضر سمجھکر قدیم مہربانیاں

فرماتی رہنا میں تمھارا خبر خواہ ہمیشہ تمھاری حیات کی درازی کی واسطی

اور دولت کی ترقی کی لیٔ جناب باری میں ہاتھ اچایا ہوا رات دن دعا کرتا

ہوں بھولجری میں میری سفارش اور حامی اور پشتیبان تمھاری سوای کوئی نہیں

ہے یہ آپ خوب جانستی ہیں

(1) Autre manière d'écrire et de prononcer مجھ.

minution. Veuillez bien me considérer toujours comme étant en votre présence, et continuer à avoir pour moi vos anciennes bontés. Je fais toujours des vœux pour vous, et jour et nuit levant les mains vers le Créateur, je le prie pour la prolongation de votre vie et l'augmentation de votre bonheur. Je n'ai à Pondichéry nul autre ami ni protecteur que vous, vous le savez bien.

Que vous dirais-je encore, à moins de vous renouveler mes salutations et l'expression du désir de vous voir?

Votre reconnaissant et obéissant
Riza Ali khan.

III.

Honorable Monsieur, appui des malheureux, compatissant, bon, généreux et bienfaisant (que les faveurs dont il est comblé augmentent!).

Après vous avoir respectueusement offert mes salutations et mes vœux, je dois vous exposer que, par la grâce de Dieu et l'effet de votre bonté, qui est constamment comme un parasol sur la tête de votre dévoué serviteur, aujourd'hui 24 du grand mois de ramazan (1244), c'est-à-dire le 10 avril (1828), nous sommes tous, ma famille et moi, dans un état heureux. Et je fais jour et nuit des vœux à la cour élevée du Très-Haut, pour votre bonheur, celui de votre épouse et de votre fille.

Vous qui accordez aux malheureux votre bienveillance, veuillez être mon juge dans ce que je vais vous exposer. Si je ne vous ai pas écrit depuis long-temps, et si j'ai même négligé de répondre à votre lettre, c'est par l'effet de mon mauvais destin et de mon indignité, et je ne devrais rien dire de plus. Mais puisqu'il faut s'expliquer, comme personne au monde ne peut approuver sa faute, je dois dire que je me suis permis (de ne pas vous écrire), parce que ma maladie avait été comme une chaîne à mes mains. Maintenant j'ai mille actions de grâces à rendre à Dieu de ce que ce grand Être, clément et généreux, m'a, par sa grâce, redonné la santé, et a fait disparaître comme du camphre, les chaînes de mes mains. C'est ainsi que je puis avoir le bonheur de vous écrire cette lettre : Dieu m'est témoin de la vérité de ce que je dis.

زیاده سوای سلام شوق اور اشتیاق ملاقات کے کیا عرض کروں

تمھارا احسان مند اور فرمان بردار

رضا علیخان

٣

صاحب والا قدر غریب پرور مشفق مهربان فیض بخش فیض رسان دام الطانه

بعد از عرض کرنی سلام شوق کے آپکی خدمت عالیمین عرض یہ ہے کہ الحمد

لله الله تعالی کے فضل سی اور آپکی مهربانی جو ہیشه اس فدوی کے سر پر چھتر ہے

رمضان شریف کے چوبیسویں تاریخ یعنی اوریل کی مهینی کی دسویں تک میں اور

میری قبایل سب خیریت سی ہیں اور صاحب کے خیریت اور بی بی صاحب (صاحبه)

اور صاحب زادی کی خیر وخوبی کے لیُی رات دن حق سبحانه تعالی کی درگاه عالیمین

دعا کرتا ہوں　صاحب غریب نواز　اب یک ذره منصفی کرو کہ یک مدت سی میں

صاحبکی خدمتعالی میں کوُی خط لکھا نہیں بلکہ آپکی خط کا جواب بھی نہ لکھا

یہ نشانی میری کم نصیبی اور نالایقی کی سوای کچھ اور نہ کہا چاہیُی لیکن انصاف

سی پوچھی تو جهان میں کوُی شخص بھی اپنی نقصان کا روادار نہ ہوگا با وجود

اسکی میں اپنی پر اسواسطی روا رکھا کہ میری بیماری نی میری ہاتھوں کی زنجیر

ہوُی تھی اب میں ہزار ہزار شکر کرتا ہوں کہ اس خدای رحیم اور کریم کی

جناب فیضمآب میں کہ جو آپنی فضل وکرم سی بجھی شفا بخشا اور میری

ہاتھوں کی زنجیر کو کافور سا اڑا دیا اور میں آپکی خدمتمین خط لکھنی کی خوش

نصیبی حاصل کیا خدا اسکا گواه ہے　غریب پرور سلامت　آپکی خدمت میں

بھی عرض کرتا ہوں کہ اس باب میں آپکی خاطر مبارک پر کسی نوع کی کدورت نہ

Salut donc, ô homme compatissant envers le pauvre! Si je vous expose ceci, c'est afin qu'il ne reste dans votre esprit, au sujet de cette affaire, aucune mauvaise impression. Du reste, lorsqu'une faute a lieu de la part des petits, les grands ne l'oublient-ils pas ordinairement, précisément à cause de leur grandeur? Ainsi j'ai la bonne espérance et même l'assurance parfaite que vous me pardonnerez. Dieu très-haut vous ayant donné l'excellence en toute chose, et vous ayant par conséquent accordé un sens droit, il n'est pas nécessaire que je m'excuse davantage sur ce manquement en lui-même, ni que je vous expose la peine que je ressens de ce qu'il a eu lieu. Je vous prie de me croire toujours à vos ordres comme anciennement; de continuer à m'honorer de vos lettres, et à me donner des nouvelles de votre heureux état.

Mon excellent protecteur, vos ordres sont sur mon cœur, comme la gravure sur la pierre; mais que dois-je faire? Dans cette ville (1), il n'y a de Musulmans respectables que ceux qui exercent les fonctions de *sipahis;* car les Musulmans indigènes, par l'effet de leur société avec les *Tchoulia,* sont devenus mixtes. Il n'y a ici aucun livre dont il puisse vous être utile d'avoir une copie. M. Héquet fait aussi des recherches par votre ordre; et quant à moi, je suis allé chercher ce que vous désirez jusqu'à l'illustre ville de Nagor (2), et à Nagpatan; mais je n'ai pu me procurer un seul ouvrage. Toutefois, le livre intitulé *les quatre Derviches* (3) est (à Pondichéry), chez sa seigneurie Cadir Houçaïn, l'imam, ou chez Golam-i Moustafa khan; demandez à l'emprunter au premier, et envoyez-le-moi par l'entremise de Mannar, caporal des Sipahis, qui ayant obtenu un congé de quinze jours, est allé les passer dans votre ville; alors, si Dieu veut, j'en prendrai copie, dans l'espace d'un mois, et vous renverrai les deux volumes.

Les nouvelles d'ici sont les suivantes : Depuis que le lieutenant-commandant Kerusec a honoré cette ville de sa présence, le service de la

----

(1) Carical, où cette lettre a été écrite.

(2) Ville et port du Carnatic, célèbre par une belle tour et le tombeau d'un saint Musulman renommé, ce qui lui vaut apparemment l'épithète d'*illustre* شريف.

(3) L'auteur de la lettre veut parler du roman intitulé *le Jardin et le Printemps.* Voy. les *Rudimens,* pag. 18.

ری کسواسطی که همیشه چهوٹوں سی خطا هوتی هی اسکو بزرگاں (۱) اپنی بزرگی کی

ناتی سی معاف فرماتی رهتی هین پس مجهی خوب امید اور یقین کلّی هی که میـری

تقصیر بهی معاف فرماینگی غرض الله تعالی آپ کو سبچیز سی سرفراز فرماکر عاقـل

کیا هی اسواسطی مین اپنی تقصیر کا عذر اور مجاز کی شکایت زیاده لکهنا حاجت

نهین اور منجی وهی قدیم فرمان بردار سمجهکر آپ کی خیریت کی خوش خبـری کی

خطوط سی سرفراز فرماتی رهنا   مشفق میری   آپکی فرمایش میری دل پر نقـش

کالجبر یعنی پتهر پر کی لکیر کی سریکها هی کیا کرون یه شهر ایسا هی که سـوای

سپاهی پیشیکی دوسرا کوئ گهر مسلمان مرد آدمی کا نهین اور یهان کی مسلمانان

بهی چولیبون (۲) کی محبت سی آدهی تیتر آدهی بٹیر بن رهی هین یهان کوئ کتاب

ایسی نهین ملتی هی جو اسکی نقل صاحب کی مطـالعی کی کام آوی   موسیٰٔ

یکّی صاحب بهی آپ کی فرمایش کی تالاش مین هین اور مین بهی اسکام کی لـیئٔ

ناگور شریف اور ناک پٹّن تک ڈهونڈها پن کوئ کتاب هاتھ نه لاگی مگر یك

بات هی چهار درویش کی کتاب حضرت حسین قادر صاحب قبله کی پاس یا حضرت

غلام مصطفی خان صاحب کی مکان مین هی حضرت قادر حسین صاحب سی بوکلس

مستعار لیکر مقّار نابك سپاهی پندرا روز کی رضا لیکر وهان آیا هی اسکی هاتھ بهیجی

تو انشاء الله تعالی یك مهینیکی عرصی مین اسکی نقل لکهکر دونو کتاب بهیج دیتا

هون اور کیفیت یهان کی لوئیتنا کومنڈان کروزك صاحب یهان تشریف لائ جب

سی نوکری کمپنی کی بهت درستگی سی چلتی هی اور کومیسر دمرین ادمنستـراتـر

موسیٰٔ دکلیر صاحب سری پر سی گر کر بهت هلاك هوئ لیکن بهت نیك سردار

<hr>

(1) La désinence persane آں, pour les noms au pluriel, est adoptée dans le dialecte du Décan, pour les noms masculins et féminins, tant au nominatif pluriel qu'aux cas obliques de ce nombre.

(2) Les *Tchoulia* sont Musulmans : ils descendent des Arabes qui, dès les premiers siècles de l'hégire, vinrent se fixer sur la côte de Coromandel. Ils s'occupent généralement à carder le coton. Les individus de cette classe se nomment *Moplais*, sur la côte de Malabar, et *Labbis*, à Madras. Pour l'intelligence de ce qu'on lit ici, il est bon de remarquer que l'auteur de la lettre est *pathan*, ainsi que l'indique son titre de *khan*. Voyez mon *Mémoire sur la religion musulmane dans l'Inde*, pag. 22.

compagnie (des Sipahis) se fait très-bien. Le commissaire de marine administrateur, M. Ducler (1), étant tombé de dessus un arbre de *sri* (2), a été grièvement blessé ; mais comme il est très-bon administrateur, on aura soin de lui plus que de tout autre, et, par la grâce de Dieu, il recouvrera la santé. Un mur a croulé, et a écrasé un pionnier ; enfin, un enfant d'un ou deux ans étant tombé dans une fontaine, est mort.

Nous ne savons ici, d'une manière positive, aucune nouvelle de votre ville (Pondichéry). Les gens du peuple disent que la compagnie (des Sipahis) doit être changée ; mais je l'ai demandé au commandant, et il m'a dit qu'il n'en savait rien.

Qu'écrirai-je encore, outre l'expression de mes vœux, du désir que j'éprouve de vous voir et de mes salutations affectueuses, si ce n'est la nouvelle prière que vous agréiez mes excuses ? Veuillez bien offrir à sa seigneurie, Cadir Houçaïn l'imam, mes complimens respectueux, présenter mon hommage à madame votre épouse, et mes obséquieux respects à M. le commandant.

Votre obéissant
RIZA ALI KHAN.

Le cheïkh Farid vous salue

IV.

Salut à l'illustre Nabab !

La lettre que vous avez fait l'honneur d'adresser à votre humble serviteur pour lui demander des chevaux, lui étant parvenue, il a de suite envoyé partout des messagers faire des recherches, et a pu se procurer quelque part quatre chevaux très-beaux, de bonne race et sans défaut, au prix de mille roupies. Il les fait conduire à votre seigneurie par quatre

(1) Commissaire de marine, administrateur à Carical, qui a rapporté dernièrement de l'Inde une collection précieuse de dessins et de manuscrits sanscrits et tamoul. Voy. dans le *Nouv. Journ. asiat.* tom. X, pag. 84, le rapport fait à la Société asiatique, sur cette collection.

(2) *Ægle* ou *cratæva marmelos.*

هونی کی سبب سی انکی نیکی اورنکی (اورونکی) آگئی آئی جو الله تعالی کی فضل سی

شفا پائی اور یهان دیوار گرکر یك بیلدار مرگیا اور یك دو برسکا لڑکا گنئی (۱) مین

پٹرکر مرگیا اور وهان کی خبر کچھ مفصل معلوم نهین هوی لوگ عوام النـاس

کهتی هین کہ کمپنی بدلتی ہی کرکر مگر کومندان سی پوچھا تو کهنی لگی کہ

کچھ معلوم نهین زیاده سوای شوق ملاقات اور سلام شوق کی کیا لکهون مگر

عذر تقصیر کا   حضرت قادر حسین صاحب قبلہ کی خدمتین آداب وبندگی

عـرض کـرنا اور آپکی بی بی صاحب کی خدمتین بهت سلام فرما دیـنـا

کمندان صاحب کی خدمتین بهی بهت سلام ونیاز رکهدینا

تمهارا فرمان بـردار

رضا علیخان

شیخ فرید آپکو بهت سلام بـولی هین

۴

نواب نامدار سلامـت

آپ کا خط گهوڑون کی طلب مین پهنچا اور اس حقیر کو سرفـراز فرمایا فدوی

نی خط کی پهنچتی ہی هرکاری تلاش کی لئی جابجا بهیجی چنانچہ چار گهوڑی بهت

خاصی اصیل بی عیب هزار رُپی کو ایك جگہ سی هاتھ آئی اور ان کو حضور عالی

مین ارسال کیا اور چار سئیس اور دو سپاهی ان کی ساتھ کر دیئی امید کہ جسوقت

وی حضور مین پهنچین اسوقت سرکار کی منشیون کو حکم هووی کہ انکی رسید

(1) گُنّٹا *est synonyme de* کُنْڈ *fontaine.* Voyez, à la suite de la traduction hindoustani de l'*Anwar-i Sohatli*, imprimée à Madras en 1824, le vocabulaire des mots du
dialecte hindoustani du Décan, nommé proprement *dakhni.*

palefreniers accompagnés de deux Sipahis. Il espère que lorsque ces chevaux arriveront en votre présence, vous ordonnerez à vos mounchis de faire un reçu pour votre serviteur.

Donner plus d'étendue à cette lettre serait dépasser les bornes du respect.

V.

Mon bienfaiteur, le protecteur des malheureux (que Dieu très-haut le conserve en santé!).

Après vous avoir présenté mes devoirs et mes salutations, votre dévoué serviteur vous expose qu'il a apprécié par lui-même votre bonté pour les malheureux, laquelle est au-dessus de tout ce qu'il avait entendu dire à votre louange, avant d'avoir eu l'honneur de vous voir. Que Dieu très-haut vous garde sain et sauf, préférablement à moi qui n'ai d'autre protecteur que vous seul. L'excellent M. Brown m'a établi depuis huit ans (maître d'école). D'entre les élèves que j'ai formés, un est attaché au collége de Madras, et un autre à la cour de Kirpa(1). Le même M. Brown, ayant parlé en faveur de mon fils à M. Greave, l'avait placé chez lui. C'est pourquoi votre dévoué vous prie de vouloir bien recommander de même Rahman beg à ces excellens Messieurs. Si vous m'accordez cette faveur, vos qualités et votre nom seront toujours plus grands à mes yeux.

Par respect, je n'ose en dire davantage.

VI (2).

Hier j'ai été occupé toute la journée à chercher Kamahi dans la caserne de Barrakpour; mais je ne l'ai trouvé nulle part, et j'ignore comment il a pu se mettre dans l'esprit de me quitter ainsi. Je me figure sans

(1) Ou Cuddapah, ville du Décan, qui fut pendant long-temps la capitale d'un état pathan indépendant, lequel survécut à la destruction des royaumes du Décan. Plusieurs anciennes familles pathanes y demeurent encore aujourd'hui, et y parlent l'hindoustani avec une pureté remarquable. Voyez l'article consacré à cette ville, dans l'*East India Gazetteer*, par M. W. Hamilton, dont la république des lettres déplore la perte récente.

(2) Ce numéro et le suivant sont plutôt des billets que des lettres proprement dites.

فدوی کو کسهیسن زیاده حسسد ادب

غریبکو پالنی هاری اور غریبونکی سرفراز کرنی هاری سلامت رکهی الله تعالی

اداب کورنشات بجا لاکر عرض جناب میں رکهتا ﮪ فدوی آپکی رونق افزا هونیکی پیش از جیسا کہ صفت اور ثنا سنیا (۱) تها اسّی زیاده غریبونکی حق میں دیکها الله تعالی آپکی ذات کتنیں (کی تیں) هاری سر پر سلامت رکهی اور آپکی ذات کی سوای هاری تیں دوسرا وسیله نهیں اور فدوی کو برون صاحب نوازش فرمانی آٹھ سال سی مقرر کرکر رکهی هیں و شاگردان میری تیار هوکر ایک شاگرد مدراس کی کالج میں نوکر ﮪ اور ایک شاگرد کریپیکی کورت میں نوکر ﮪ اور میری فرزند کتنیں برون صاحب نی سفارش کرکر گرفت صاحب کی نزدیک نوکر رکهائ تهی اسواسطی فدوی حضور میں عرض کرتا ﮪ رحمان بیگ (کی) تیں عنایت اور سرفرازی سی اپنی صاحبان بهادرانسی سفارش فرماؤ هیں اسی قدر سی سرفراز کرنا نامر اور اوصاف صاحبکا بسرا هوتا ﮪ

زیاده حد ادب

۴

کل هم اچانک کی چهانوین میں لمهیٔ کو تمام روز ڈهونڈهتی پهری لیکن کههیں اسکا ٹهکانا نه پایا معلوم نهیں کیا اسکی دلمیں آئ که هارا ساتھ چهوڑ کی چلا گیا هاری دلمیں ره ره کی یه خیال آتا ﮪ که جب هم اپنی وطن کو جائیں گی اور اسکی ما آنکی اپنی بیٹی کا حال پوچهی بگی اسکو هم کیا جواب دیں گی بڑی

(1) Dans le dialecte du Décan, contrée où cette lettre a été écrite, l'*alif* final du participe passé est précédé d'un *ié* euphonique. Ainsi سنیا est pour سنا, participe passé du verbe سُننا *entendre*.

cesse que, lorsque j'irai dans mon pays, et que sa mère viendra me demander des nouvelles de son fils, je ne saurai quelle réponse lui donner. Cette affaire est bien malheureuse pour moi. Que Dieu, par sa grâce et sa bonté, veuille m'en tirer ! sinon il me sera pénible de vivre dans ces pensées.

J'ai entendu dire aujourd'hui, par un sous-officier des Sipahis, qu'avant-hier deux compagnies d'Européens sont allées à la caserne de Danapour; ne peut-il pas être arrivé que Kamahi se soit mis au service de quelqu'un de ces militaires, et qu'il soit parti avec lui? Je vous prie en conséquence d'écrire à votre frère Parkas, qui est avec M. Hastings, d'avoir la complaisance de chercher Kamahi en cet endroit; et, s'il le trouve, de vouloir bien lui faire des remontrances, et me l'envoyer en compagnie d'un homme de confiance, afin que mon esprit retrouve la tranquillité.

VII.

Dieu !

J'ai répété mille fois à Sadahi, votre fils, de ne point venir, en mon absence, rester auprès de Lalwa. (Je lui dis que) si son père et sa mère le voient, ils se fâcheront contre lui à ce sujet, et qu'après l'avoir frappé, ils lui mettront vos vêtemens. Toutefois cet étourdi ne tient aucun compte de ce que je lui dis, et lorsque je vais à la maison pour prendre mon repas, il vient dans la boutique, et joue aux dés avec Lalwa. Il faut donc que vous ayez la complaisance de l'appeler chez vous, et de lui faire bien entendre qu'il doit désormais quitter la société de Lalwa, et que sans cela il aura quelque jour une grande querelle avec lui, à laquelle nous ne pourrons rien ni vous ni moi.

Il connaît la situation de son père et de sa mère, c'est-à-dire la vôtre; il n'ignore pas qu'ils ne peuvent laisser celui de qui ils dépendent; toutefois ayant abandonné la compagnie de votre frère, il est cause de l'embarras où je suis, et d'où je ne puis sortir. Il n'a pas encore donné jusqu'à présent un seul kauris des roupies qu'il avait eues de vos mains. Lorsque mon domestique va faire instance à sa porte, (votre fils) reste dans la maison, et s'il le rencontre dans une rue, celui-ci l'évite. De cette ma-

مصیبت مین هم پڑی خدا هکو اپنی فضل وکرم سی اس بلا سی نجــات دی اور

نهیں تو ان سوچوتمین هکو جینا دشوار هوگا اور آج هنی یہ سنا هی کهانسی

حوالدار کی زبانی کہ پرسون دو کهنیان گورونکی داناپور کی چهانسـوینکو گئی هین

ایسا نهوا هو کہ وہ بهی انهیفمین کسی کی سانه نوکری کرکی چلا گیا هو اس

واسطی هم تمکو لکهتی هین کہ تم اپنی بهائ پرکاس کو جو جو اجتین صاحب کی سانه

هین لکه بهیجو کہ کهی کو وهان ڈهونڈهین اگر ملی تو اسکو سجها کی ایک ادی

معتبر هـراہ کرکی هاری پاس بهیجوا دین کہ هاری جیکو اطمینان هو

V (1)

الله

سدهیٔ توری (تیری) پوت کا (کو) هم لاکهن (لاکهون) بیر سجهاوا کہ هری

(هاری) پیچهی دوکان پر للوا کی تیر نہ بیٹها کر اهکی (اسکی) ماتا پتا دیکهیین

تو غصہ هوئین اور مار پنهین (پهنین) تورا (تیرا) کهار پهرین پر وہ اوت هری

بات کان دهر نهین سنت (سنتا) هی اور جب هم رسوئ کهائ گهر جات (جاتی)

هین هری پیچهی دوکان پر اوت (آتا) هی اور اهکی (اسکی) سنگ چوپڑ باتی (بازی)

کرت (کرتا) هی تمکا (تمکو) چاهیٔ کہ اوهکا (اسکو) گهر مین بلائ کی اس (اسی)

نیك طرح بوجهای (بجهائ) دو کہ آگی کا اهکا سنگ چهانتر (چهوڑ) دی اور نهین

تو ایکدن اهکا (اسکو) بڑا تنتا بکهیرا هوئ اور هسی تهسی (تم سی) اهان (اس

مین) کچه بن نہ پڑی اهکی (اسکی) ماتا پتا کا حال تورا (تــیرا) جانا هی کہ

جهکی (جسکی) پیچهی پڑت (پڑتی) هین اوهکا (اسکو) پیچهت (اسکو) کی بنا نهین

---

(1) Cette lettre n'est pas en hindoustani-*ourdou*, mais en *braj-bhakha*. J'ai eu soin d'expliquer entre parenthèses les mots qui présentent quelque difficulté.

(2) Ce mot signifie *poursuite*; c'est le substantif sanscrit पश्चात्, qui est le même que l'hindoustani پیچها, plus usité en cette dernière langue.

nière, Lalwa sait que son intention n'est point de lui donner des roupies,
et (votre fils) ne lui en donnera effectivement jamais, si on ne l'y con-
traint juridiquement.

VIII.

Au soutien du pauvre, que son bonheur augmente!

Votre dévoué Jiwan khan, après vous avoir présenté ses civilités et
ses salutations, vous expose qu'aussitôt que votre ordre élevé, qui avait
pour objet les affaires du trésor, lui est parvenu, il s'est empressé de
charger sur des voitures 26 lakhs (1) de roupies, et les a expédiés à
votre seigneurie, le 4 de ce mois. Votre serviteur a eu soin de faire
suivre cet envoi par des Sipahis et des fantassins qui veilleront à sa garde.
Ils sont accompagnés de quelques serviteurs de confiance.

Que l'astre de votre bonheur soit toujours lumineux!

IX.

Honorable et excellent Mir, que votre bien-être augmente!

Après vous avoir offert mes salutations, permettez-moi de vous faire
connaître que, dans mon village, le parc est très-beau cette année, et
qu'ainsi vous feriez bien d'envoyer y faire paître les chevaux de votre
haras. Je le désire beaucoup en mon particulier, parce que, en respectant
votre haras, les *zamindar* (2) ne se permettront, par suite, aucune

(1) Le lakh vaut *cent mille,* et la roupie, 2 fr. 50 c.; 26 lakhs de roupies font donc
6,500,000 fr.

(2) Propriétaires de terres, ou, pour mieux dire, *tenanciers.*

آلکا

میر صاحب دل مہربان زیادہ ہو

بعد سلام کے واضح ہووے ہمارا گانو میں اک سال

رمنا اچھا ہوا طرح اگر آپکی پالکی پالکا کے گھوڑے

چرائی کی خاطر یہاں بھجواو تواولا میں

اسواسطے یہ کام چاہتا ہوں کہ پالکا کے

تو ترسے زمیندار کا ظلم مجھ پر اور مجھ پر دیا پر

نہ ہوگا ہر طرح سکھ انند سے کھیتی

رنگ رلیاں مناؤنگا ضرور اسباب میں

توجہ فرمائے جو کچھ میرے یہاں بکاؤ ہیں

ایک سمندنا کند دوسرا لکھمیت تین بیل کا

ہر ایک کی قیمت وہی ارزی ئی انعام

ہیں اگر سرکار یں نواب صاحب کی مطلوب

منگوا بھجے لولف خان بودی انعامدار

چھپ مگر کے زید اپنے انعام کی پہنچانا چاہیں

اسکا اس جاے کوئی کا کام نہیں جو آپ کو

درکار ہو تو لکھیے نہایت خوشی سے روبکو

[left column — N.° 12, handwritten Urdu prose, difficult to read]

صاحب عالی مرتبہ حضور زیادہ رہے افضال و کرم

کیفیت غلام کی سے یہ ہے کہ پالکی بگی کلکتور کے موافق

بندہ کا ہندی غلہ اور دیگر اجناس کے زراعت میری پاس

جو درکار ہے مقرر ہووا غلام سے جا کر نزدیک عامل موضع مذکور

فریادی ہووا عامل ... ماہر پالکی سے

یہ ہمارا سنگ بھاگا کہ بعد کتنے منگ عمل شکر بندہ کا ہووا

انہوں نے پالکی کو نزدیک لے جا کر بندہ کے ہندی غلام

وصہ اسکے لگا کر نقدی ... بیچ جاے ... غلہ کے

... وصلہ جار بہمنی کیا اسکے مات سے لکھا کہ غلام کو دلوایا

اسواسطے میر غلام سے جو رویہ طلب کئے جا ہیں نتیجہ

اور صلح ہووا انتلا تاج قلم سرکار اور منصوب ... اسواسطے

امید ا... ہے کہ رویہ غلام کے کرئی واصل کلکتر سے روپیہ

... دیوان پولیس زیلع گرد ضلع مذکور

چھوڑت (چھوڑتی) ھیں اور توری (تیری) بھائی کی سنگ بھوار (۱) کرکی ہم اس
جنجال مین پڑی ھیں کہ کچھ کھی (کھیں) نہیں بنت (بنتا) ھی جو روپیہ
توری (تیری) ھاتھن (ھاتھون) لیس (لیا) تھا ابھیں تک ایك کوڈی (کوڑی)
اھانسی (اسمین سی) نہیں دینس (دیا) ھی جب ھرا چاکر تکادا (تقاضا) کری اھکی دواری
پرجات (جاتا) ھی تو گھر مان (مین) لگ رھت (رھتا) ھی اور جو کبھون راہ بات
مین بھیٹ ھوت (ھوی) ھی تو ٹال مٹولا کرت (کرتا) ھی ان باتن (باتون) سی
اس (اسی) جانا جات (جاتا) ھی کہ اھکی نیّت روپیہ دینی کی ناھین (نہیں) ھی
اور بنا ناٹش کی کبھسھون نہ دیئی

٨

غریبون کی پالنی والی دامر اقبال۔سالہ

فدوی جیونخان آداب تسلیمات بجا لاکر عرض کرتا ھی کہ حضور کا فرمان
عالیشان جو خزانی کی مقدمی مین اس حقیر کی نام صادر ھوا تھا بندی نی اسکی
پھنچتی ھی چھبیس لاکھ رپی چھکڑون پر لاد کرکی سپاھی پیادی چوکی پھری
کی لیّ اسکی ساتھ کر بعضی معتمد نوکرون کی سنگ اس مھینی کی چوتھی تاریخ
حضور عالی مین ارسال کیا
ستارہ اقبال کا نت چھکتا رھی

٩

میر صاحب بدل مھربان زیادہ ھو الطان آپکا
بعد سلام کی واضح ھووی ھماری گانو مین آپکی سال رمنا اچھا ھوا ھی اگر
آپکی پاگا کی گھوڑی چرائ کی خاطر یھان بھجواؤ تو اولا ھی مین اسواسطی پھ

---

(1) M. Shakespear que j'ai consulté sur ce passage, pense que le mot بھوار est probablement dérivé de la racine sanscrite भ्रम, de laquelle بھولنا *s'égarer*, &c. vient
aussi. D'après cela, سنگ بھوار کرکی doit signifier *s'étant égaré (loin de) la compagnie*, &c.

injustice, ni envers moi, ni envers mon village, et je pourrai me livrer ainsi, sans crainte, au contentement. Vous voudrez bien me faire savoir ce que vous aurez déterminé relativement à cet objet.

J'ai à vendre deux poulains âgés tous les deux de trois ans, l'un baillet, et l'autre bai. Le prix fixe de chacun des deux est de 250 roupies (1). Si vous désirez les acheter, faites-le-moi savoir. Le riche Nawaz khan Lodi (2) veut vendre une terre de 6 *bigah* (3), qui lui appartient; mais il ne trouve pas d'acheteur ici. Si cette terre peut vous convenir, veuillez me l'écrire. Le juste prix est fixé à 175 roupies (4). Dans cette terre, il y a trente manguiers, cinq tamarins, deux jambosiers, et deux grands puits en briques, avec des degrés pour y descendre. Un ruisseau provenant d'un étang y passe, lequel se divise, à proprement parler, en deux branches; quoique je ne fasse mention que d'un seul ruisseau. Si vous avez le désir de l'acheter, veuillez me l'écrire.

X.

Mon fils heureux, que Dieu vous accorde sa sainte grâce !

Après avoir agréé mes vœux, sachez qu'ici tous grands et petits sont en parfaite santé, et font jour et nuit des souhaits pour votre bonheur. Bhakaridas Tiwari va auprès de vous; vous aurez soin de lui remettre sans faute, sur son reçu, dans l'intervalle d'un mois, 1065 roupies, un *ana* (5) et un quart, de la taxe du district de la ville de Dareba. Conformément à ma lettre, cette somme devra être déduite du compte du district susdit. Au lieu de la perception des impôts du village de Chikarpour, on remettait depuis long-temps à Bhajjou *Cawal* (6), d'après l'ordre du gouvernement, une roupie quotidienne. Il peut se faire que cette paye journalière ait été suspendue sous l'administration

(1) La roupie, ai-je dit, vaut 2 fr. 50 c.
(2) Les *Lodi* sont une tribu d'Afgans.
(3) Le *bigah* équivaut à 120 pieds carrés. Shakespear, *Hind. Dict.* pag. 170.
(4) 437 fr. 50 c.
(5) 16ᵉ de roupie.
(6) C'est-à-dire, Bhajjou *le chanteur, le musicien.*

کام چاهتا هون که پاگا کی ڈرسی زمیندار کا ظلم مجھ پر اور میری دیہ پر

نهوگا هر طرح سکھ آنند سی بی کھئکی رنگ رلیاں مناؤنگا ضرور اسبات میں

توجّہ فرمائی دو چھری (بچھیری) میری یهان بکاؤ هین ایك سمند ناکند

دوسرا کمیت تین سال کا هر ایك کی قیمت واجبی اڑھائی اڑھائی سو رپی هین اگر

سرکار میں نوابصاحب کی مطلوب هون تو منگوا بھیجئی نواز خان لودی انعامدار

چھہ بیگھی زمین اپنی انعام کی بینچا چاهتا ہے اسکا اس جای کوئی گاهك نهین

جو آپکو درکار هو تو لکھئی نهایت پونی دو سو رپی پر ٹھهرا دونگا اس زمین

مذکور میں تیس درخت آم اور پانچ املی دو جامن کی هین دو پختہ باولیاں

تالاب کا نالا اسمین سی هوکر گذرتا ہے یعنی دو فصلہ هوتی ہے از راہ یگانگت کی

ایما کیا هون خریدنی میں اسکی جیسی مرضی مبارک زیادہ مهربانی هو

۲۰

فرزند سعادتمند میری خدا تعالی تمهین توفیق نیك دیوی

بعد دعاکی معلوم کرو یهان سب خرد وبزرگ چنگی بھلی هین اور لیل

ونهار تمهاری خیر وخوبی چاهتی هین بھکاریداس تیواری تمهاری پاس آتا ہے اسی

ایك هزار پینستھ رپی سوا آنہ آمدنی سی محصول محل دریبی بلدیکی ایك مهینی کی

عرصی میں بلا عذر دیکر رسید لو آیندہ بموجب اسی دستاویز کی یہ رقم حساب

میں محل مذکور کی وضع محسوب وبجرا هووینگی بھجّو قوّال کو مطابق سند

حضور کی عوض سی تحصیل موضع شکارپور کی ایك رپیا یومیہ سابق سی جاری

تھا شاید محل میں بھاری داس کاینتھ کی وہ روزینہ موقوف هوا اب تم برس کو

نو مهینی کی لیکھی سی شروع سال سن بارہ سی چھنبیس فصلی سی اسی اجرا کر دو

مدّت هوئ کہ تمنی جمع خرچ پرگنی گودل امر آباد اور سرکار سری نگر کا

نهین بھجوایا چاهئی کہ یہ خط دیکھتی ہے حساب کتاب دونو کا صاف

کرکی سانڈنی سوار کی هاتھ روانہ کرو اور اسبابمین توقّف جائن نسجھو

خانصاحب والا شان خاندوران خان بهادر دو تین کھال شیر کی اپنی گھوڑی

de Bahari Das le Kaïath (1). Maintenant payez-lui un an, c'est-à-dire neuf mois du compte de l'année (passée), et la portion qui lui est due à partir du commencement de l'an 1236 (1820-21).

Il y a long-temps que vous ne m'avez envoyé le compte courant de la perganah de Godal Amrabad, et du sirkar de Srinagar. Il faut, à la réception de ma lettre, mettre au net les comptes de ces deux pays, et me les envoyer de suite par l'entremise d'un homme monté sur un chameau.

Le brave khan élevé, *Khan-Dauran,* désire deux ou trois peaux de tigres pour rendre son cheval intrépide (2); ordonnez donc aux *Zamindar* qui dépendent de votre fief de vous les fournir promptement, et lorsque vous les aurez, ne manquez pas de les envoyer.

Que votre vie se prolonge extrêmement!

XI.

Excellent négociant, que votre bien-être augmente de plus en plus!

Après vous avoir offert mes salutations, je vous fais savoir que la lettre de change de 62,000 roupies, que vous m'aviez envoyée par l'entremise de Sikha Ram, m'a été payée dans le comptoir de Bandrabin Das : sur ces roupies, j'en ai donné 46,053, 14 ana 3/4 à Maïaram l'agarwal (3); savoir, le compte complet de huit années, l'intérêt et le change; l'ayant ainsi contenté. Vous aviez envoyé auparavant 17,000 roupies, argent comptant, par l'entremise de Chandauri Saka, à Likh Raj, agent de Bhimsen; mais ce banqueroutier (Likh Raj) ayant volé chacun séparément, n'a pas même donné un kauris percé (4). Ainsi le billet de votre dette (5) n'a pas été payé jusqu'à ce jour, et je suis

(1) Tribu d'Hindous.

(2) Préjugé oriental.

(3) Race de marchands d'*Agroha,* ville à l'ouest de Dehli : ils sont de la caste des *baïs* ou *vaïsia.* Shakespear, *Hind. Dict.* pag. 61.

(4) A la lettre : *un kauris borgne;* hindoustanisme. Nous dirions, *il n'a pas donné un sou.*

(5) A la lettre : *la dette du protecteur du pauvre.*

ڈھیٹھ کرنیکو طلب کی ہیں تم اپنی تعلقی کی زمینداروں پر حکم کرو تا وی

یہ شتاب پیدا کر دیں جب ہمدست ہوں تب بھجوا دو

زیادہ عمر دراز ہووی

II

سیٹھ صاحب شفیق زیادہ ہو عنایت آپکی

بعد رام رام کی گذارش کرتا ہوں ہنڈوی باسٹھ ہزار ربی کی جو تمسی
معرفت سی سکھا رام کی بھجوائ تھی سو ہنی دوکانسی بندرابن داس کی بھر پائ
انھ رپیونمیں سی چھیالیس ہزار تریں ربی پون پنداره آئی میارام اگروال کو دی
کر تمام آٹھ برس کا لیکھا چکا دیا بیاج بٹی سی اسکی خاطر جمع کر دی آگی اس
سی آپ نی جو ستره ہزار ربی نقد چاندوڑی سکی کی ہاتھ سی لیکھ راج گماشتی
بھیم سین کی بھجوائ تھی سو اس دیوالی نی سب کی سب الگ اڑائ ایک کانی
کوڑی بھی ندی اس لئی رقم دیں دینداپال کی آج تک نہ پٹی اور اسی کارن مول
مٹی جون کی تون ہماری دی رہی لیکھ راج مذکور نی بھگل نکالا ہے جسب
میں تقاضا کرتا ہوں تو اپنی ناداری دکھلاتا ہے ندان مانگتی مانگتی ناکمیں
دم آیا اور تھک گیا اب صلاح بھی نظر پڑتی ہے کہ اسکی سیٹھ سی کسو ڈھب
رقم پٹوا لیجی یہاں اور کچھ بیمار اچھا نہیں تھا اس جہت سی دو ہزار

4.

privé, tant du capital que des intérêts. Le susdit Likh Raj prétend être très-pauvre; lorsque je le presse, il met en avant son dénûment; mais j'ai fini par être ennuyé et fatigué à force de demander. En définitive, je crois qu'il est convenable de tâcher de retirer de son banquier le titre de la dette; et comme il n'y a pas ici d'autre bon moyen de le né-gocier, je vais dans la boutique d'un changeur de monnaies, le vendre, avec 2000 roupies d'escompte, à des personnes que je substituerai à moi. Je vous ai fait connaître l'affaire, pourquoi vous importunerais-je actuellement davantage?

XII.

Illustre Monsieur (que son bonheur augmente toujours de plus en plus!).

Voici quelle est l'affaire qui fait recourir à vous votre serviteur : Paprou Patel (1) me vola méchamment, près de Kalapgour, 15 *khandi* (2) du grain de ma moisson. J'allai m'en plaindre au gouverneur du lieu susdit. Patrou Patel l'ayant entendu dire, se sauva. Quelques jours après, le gouverneur ayant employé la force armée, appela Paprou Patel auprès de lui, le convainquit du vol dont il s'agit, et lui fit faire de sa main un billet de 15 khandi de grains, la valeur du grain étant de 7 roupies. Il remit ensuite à votre serviteur ce billet qui était payable quatre mois après la date. Maintenant, conformément à cette promesse écrite, votre serviteur réclame ces roupies; mais Paprou Patel prend différens pré-textes adroits pour ne pas les donner. Excellent Monsieur, vous qui êtes en ceci le maître et l'arbitre, j'espère que, par vos bons soins, vous ferez rendre à votre serviteur les roupies dont il est frustré.

Pourquoi vous tiendra-t-il un plus long discours?

(1) *Patel* est un titre chez les Mahrattes. Ce mot indique proprement le chef d'un village, qui perçoit les revenus, et exerce une surveillance générale. Voyez Shakespear, *Hind. Dictionary,* pag. 184, et Hamilton, *East Ind. Gazetteer,* tom. II, pag. 729.

(2) Le khandi vaut 580 livres poids de marc.

رُپی کی عوض سی صرّاف کی دوکان مانڈ (1) بتّا ستّا (2) کرتا اساميون کو بينچت
هون اطلاعاً لکها زياده کيا تصديع دون

۱۳ (3)

صاحب عالی مرتبه هميشه زياده رهي اقبال اُنسكا
كيفيت غلام کی يه هے پاپڑو پٹيل كلهگور کی موازی پندره كهنڈی غله از روی
شرارت کی زراعت ميری سی چوری کرکی متصرن هوا غلام نی جاكر نزديك عامل
موضع مذكور کی فريادی هوا پاپڑو پٹيل نی يه بات سنكر بهاگ گيا بعد كتنی
دنکی محل لشكر جنگ كا هوا انهونّين (انهون نی) پاپڑو پٹيل كو نزديك اپنی بلا
کر پندره كهنڈی غله ذمه اسکی لگا کر تمسّك بيچ بات بهجائُ روپيون غله کی
سات وعده چار مهينی کی اُسکی هاتھ سی لکهوا کر غلام كو دلوايا اب وعده پس
غلام نی جو روپيی طلب كئُی نهيں ديتا هے اور جيبی حوالی بتلاتا هے صاحب
بهادر مالك اور منصف هيں اسواسطی اميد ركهتا هے كه روپيی غلام کی كه حق
واجبی نكلتی هيں اسپر تقيّد کرکی دلوا ديويں
زياده كيا عرض کری

(1) مانڈ est synonyme de ميں dans: il dérive du sanscrit मध्ये .

(2) Ici le mot بتّا seul a un sens; ستّا qui le suit est une battologie. En hindoustani, on aime beaucoup mettre ainsi à côté l'un de l'autre deux mots dont la consonnance est la même. Voyez la *Grammaire* de Shakespear, pag. 140, § 84.

(3) Le *fac-simile* de cette lettre, et celui de la seizième, peuvent, plus que les autres lettres lithographiées, faire connaître cette écriture embrouillée, que les Orientaux comparent aux cheveux en désordre. « Comme mes cheveux sont en désordre (chikasta) « par l'effet du chagrin, a dit Wali, j'ai dû me servir du *chikasta* pour écrire mes vers. »

ازيس كه شكسته زلف هون غم سون   لکها هون شكسته خط سون نامه

XIII.

Apprenez, mon ami chéri, que votre lettre parfumée d'ambre m'est
parvenue dans un heureux instant; et l'odorat de mon âme a été em-
baumé par l'essence de son contenu, qui exprime la joie. Dieu sait que
j'ai éprouvé un plaisir extrême en recevant l'avis de votre mariage, et
que par cette heureuse nouvelle, qui m'a appris l'épanouissement de la
rose du plaisir, mon cœur a été plein de satisfaction. Que Dieu bénisse
votre union! Je vous ai envoyé en présent, par l'entremise d'un marchand, un anneau d'or enrichi d'une émeraude; je vous prie de l'accepter
sans façon. Pourquoi vous écrirais-je autre chose? Que la coupe de votre
bonheur soit toujours à pleins bords!

XIV.

Excellent Monsieur (que sa renommée et son illustration s'accroisse
de plus en plus!).

Votre lettre bénie m'est parvenue; elle a rempli de joie et honoré
votre serviteur. Que le Tout-Puissant daigne vous conserver en santé,
conformément aux vœux que je fais dans ce billet, marque de souvenir.

Depuis plus de trois mois, votre serviteur est en Angleterre. Si Dieu
veut, il aura bientôt l'honneur de vous présenter ses devoirs à Paris, et
par la faveur de votre entremise, il pourra voir M. Chézy.

Votre humble serviteur est très-reconnaissant des attentions que vous
promettez d'avoir pour lui, et il vous en rend grâce du fond du cœur. Un
plus long discours dépasserait les bornes de la politesse.

Votre serviteur reconnaissant,
Ram Mohan (1).

(1) *Ram* ou *Rama* est le nom d'une incarnation de Wichnou; Mohan (ou *Mohun*,
d'après l'orthographe anglaise, où l'*a* bref des langues orientales se rend par *u*) est un
des noms de *Krichna*, autre incarnation, ou, pour mieux dire, apparition de Wichnou.
Le titre de *raja* a été donné à ce brahme célèbre par l'empereur actuel de Dehli, Akbar
chah, qui l'a chargé d'une mission particulière auprès du roi d'Angleterre.

١٣

میری دوست جانی پر واضح هوجیو که تمهارا نامهٔ عنبریں شمامه ساعت
نیك میں پهنچا اور اسكی مضمون بهجت مشحون كی نكهت سی مشام جان كا معطّر
هوا خدا شاهد حال ہے كه تمهاری بیاه كی خبر سنی سی نهایت مسرت حاصل
هوئی اور اس شادمانی كی گل كی كهلنی كی نوید سی دل باغ باغ خوش هوا حق
تعالی مبارك كری ایك انگوٹهی سونی كی جس میں بٹّا جڑا ہے میں نی بریم ارمغان
كی ایك سوداگر كی هاتھ تمهاری لئی بهیجی ہے بی تكلّف قبول كیا چاهئی
زیاده كیا نگارش كری
ساغر شادمانی كا مدام لبریز رہے

١٤

جناب فضیلت مآب زاد مجدهم وشرفهم
رقعهٔ مبارك پهنچا (١) وبنده كو مسرور ومعزّز كیا قادر علی الاطلاق اپكو اس یاد
آوری كی ساتھ سلامت ركهی تین مهینی سی زیاده بنده انگلنڈ میں مقیم ہے ان
شاء الله تعالی عنقریب پارس میں مشرّن خدمت هوگا اور اپكی توجّه سی جناب
شیزی صاحب كی ملاقات حاصل كریگا اپكی وعدهٔ مراعات سی بندهٔ كمتر ممنون
هوا وادای شكر تہ دل سی كرتا ہے   زیاده حد ادب
خادمكم وممنونكم
رامر موهن
حرّر فی التاریخ یكمر آگست سنه ١٨٣١ ع (عیسوی)
جناب شفقت فرمای گرامی قدر فاربس صاحب كی حواله كیا گیا

<hr>

(1) R. Mohan R. a écrit پونچها, selon une orthographe très-usitée dans les manuscrits; mais j'ai cru devoir imprimer ici ce mot comme on le trouve dans les dictionnaires.

Écrite le 1ᵉʳ août 1831 de J. C.

P. S. Cette lettre a été confiée à l'excellent et honorable M. Forbes (1).

ADRESSE :

A sa seigneurie excellente, l'arabisant et l'indianiste M. Garcin de Tassy, que sa renommée et son illustration s'accroisse de plus en plus ! Dans la capitale Paris. France.

XV.

Salut à l'excellent M. William Lewis, qui est plein de bonté pour ses amis.

J'accepterais bien volontiers l'aimable invitation que vous m'avez faite pour ce soir ; mais étant frappé par le malheur, je ne désire aller nulle part, et je me demande si dans un état d'infortune aussi grande, je puis me rendre à vos désirs. En conséquence, j'ose vous dire, les mains jointes, en signe de respect, que si vous daignez me dispenser de me rendre à cette invitation, que j'aurais tant de plaisir à accepter, ce sera un excès de bonté de votre part. Il ne faudrait pas néanmoins croire que je rejette votre affectueuse prévenance. Je suis au contraire, désespéré d'être obligé de manquer à ma promesse et de ne pas répondre à votre attention ; et je reconnais qu'en cela je suis sans excuse. J'ose toutefois espérer que vous ne serez pas fâché contre moi.

Pourquoi vous importunerai-je davantage ?

CHAH MIR.

XVI.

Salut au personnage recommandable élevé en dignité.

Aujourd'hui lundi, j'étais venu à midi (2) à la maison *Oulaci-Soth.*

---

(1) Orientaliste anglais, auteur d'une traduction du roman persan de *Hatim Taï,* et d'une grammaire persane, à la rédaction de laquelle a coopéré M. S. Arnot.

(2) A la lettre : *à douze heures.* Le mot بجے (بجی, aux cas obliques du sing. et au plur.), qui est proprement le participe passé du verbe neutre بجنا *sonner,* est mis ici pour l'heure européenne de 60 minutes, qui n'a pas d'expression propre en hindoustani.

ل

سر نامہ خط کا

جناب فضیلت مآب جامع علوم عربی وهندی مولوی گارسین دتاسی زاد مجدهم
وشرفههم   دار السلطنه پارس فرانسس

۱۵

صاحب لطف فرمائی والی دوستوں کے مستر فیلم لویس صاحب بهادر کو سلامت
آپ نے بجهی آج شام کے وقت جو کهانا کهانے کو نیوتا هے میں بسر وچشم
حاضر هون لیکن اس مصیبت زده کا دل کهیں جانے کو نهیں چاهتا اور کهتا هے
که اس مصیبت کی حالت میں ایسی باتیں کیا ضرور پس میں هاتھ جوڑ کی
بصد انکسار التماس کرتا هوں که اگر اس عاصی کو اپنی خوشی سی معاف اور
معذور رکهئی تو آپ کی کمال مهربانی هے الّا آپکی لطف اور مهربانی سی اس عاصی
کو انکار نهیں یه عاصی بهر حال اپنی وعده کی ایجای اور آپکی پاس خاطر سی لا
چار هے کچھ عذر نهیں کر سکتا مگر آپ کی خوشی کے ساتھ یه چاهتا هوں زیاده
کیا تصدیع دیوں

شاه میر

۱۴

صاحب بهادر والا قدر کو سلامت
آج پیر کی دن میں باره[۱۲] بجی اس اُلا سونٹھ سی هوس (۱) میں آیا تها اور وکیل
صاحب سی بهی ملاقات هوئ لیکن آپ کی نه هونی سی نه میں کچھ که سکا اور نه
وکیل صاحب ایك بجی میں آپ کی راه دیکھ دیکھ کر گهر پهر گیا اب جس

(1) هوس est le mot anglais *house*, maison.

J'y ai bien trouvé votre homme d'affaires : mais comme vous n'y étiez pas vous-même, nous n'avons rien pu conclure, ni lui, ni moi. Après avoir attendu une heure, je suis retourné chez moi. Actuellement veuillez m'écrire le jour et le moment où vous viendrez ici, c'est-à-dire à la maison *Oulaci-Soth*, et je ne manquerai pas de me trouver au rendez-vous.

XVII.

A sa seigneurie excellente, M. le Mounchi, l'ami cordial, l'appréciateur du mérite, celui qui traite convenablement les personnes qui lui sont sincèrement attachées. Que les faveurs célestes dont il est comblé augmentent encore !

Après vous avoir offert ses salutations, ainsi qu'à madame votre excellente et respectable épouse, votre humble, dévoué et affectionné serviteur a l'honneur de vous exposer respectueusement que la lettre aimable et polie dont vous l'avez honoré lui étant parvenue à une heure favorable, elle a tellement élevé sa dignité, que ni le *calam*, ni la langue, ne sauraient l'exprimer. C'est pourquoi, me confiant à votre esprit éclairé, pour suppléer ce qui manque à mon expression, je manifeste le désir que samedi vous daigniez, par la bénédiction de votre présence, éclairer cette maison obscure, et ainsi traiter avec honneur et bonté votre humble serviteur, qui, avec les autres hommes, est sur cette terre votre compagnon de voyage.

« Ma face, dirai-je avec un poëte persan, ne quitte pas ton portique ;
« mon œil est auprès de ta demeure ; montre-toi favorable, viens dans
« mon logis, il est le tien. »

Vous m'écrivez de votre côté que vous voulez m'emmener avec vous ; mais pardonnez-moi l'observation que j'ose faire. Vous m'aviez assuré, de votre langue bénie, que lorsque toutes mes affaires seraient terminées vous viendriez quelques jours avant mon départ résider auprès de moi. D'après cette promesse, je croyais jouir bientôt de votre honorable compagnie et de votre amitié, ainsi que vous aviez daigné me le faire espérer. D'ailleurs j'ai déjà passé plusieurs jours dans votre maison, où votre bienveillance, les attentions affectueuses de madame, l'amitié de

دن اور جس وقت آپ کو یہاں یعنی اُداسی سوتھ ھوس میں آنا ھو بجھی لکــھ
بھیجیُے میں اس دن اور اس وقت یہاں پھونچونگا (پھنچونگا)

۱۷

جناب فیضماب منشی صاحب مشفق قدردان کرمفرمای مخلصان دام الطافہ
اس نیاز مند مخلص مشتاق کی جانب سی حضور کو اور بی بی صاحبہ مشفــقہ
مکرمہ کی خدمت میں بعد سلام وبصد نیاز تمام کی اظھار یہ ھی کہ آپ کا
عنایت نامہ نوازش کا بھرا ھوا اور مرحمت نامہ اشفاق میں ڈوبا ھوا اچھی ساعت
اور مبارک گھڑی میں پرتو افکن ھوکر اس عاجز کا رتبہ کمر یہانتک بڑھایا کہ
قلم کا مقدور نہیں جو وصف اس کا بیان کری اور زبان کی کیا قدرت کہ تعریف
ادا کری اسی سبب آپ کی روشن ضمیر پر موقوف رکھکر مدعا اظھار کرتا ھے
کہ سنیچر کی دن جو آپ تشریف لاکر اس خانہ تاریک کو اپنی قدوم کی
برکت سی منور کرینگی تو عین سرفرازی اور بندہ نوازی ھے کہ یہ نیازمند
معہ آدمان ھمراھی آپ ھے کا ھی بقول فارسی   بیست

رواق ومنظر می چشم اشیانہ تست   کرم نما وفرود آ کہ خانہ خانہ تست (۱)
اور بندیکی لیجانی کی واسطی آپ لکھی ھین گستاخ معان آپ نی اپنی زبان مبارک
سی فرمایا تھا کہ جب سب کام اس خیر اندیش کا فیصلہ ھو اور روانگی کی
چند روز آگی میری یہاں آکی رھنا اسی وعدہ پر یہ عاجز امیدوار تھا کہ
عنقریب روانگی کی چند روز خدمت عالی میں رھکر مستفیض ھون اور خصوص
دوستی کی باب میں جو حضور کا ارشاد ھی اس کا حاصل یہ ھے کہ بندہ پھلی
دولت خانی میں حاضر ھو کر چند روز رھا کرم آپ کا شفقت بی بی صاحبہ کی

---

(1) Ce vers est du mètre بجنت, composé des pieds مفاعــــلن فعلاتن مفاعــلن
فــــعلان.

5.

vos enfans, les soins empressés de vos domestiques, ont été portés à
un tel point, qu'il m'est impossible de remplir convenablement le devoir
de la reconnaissance. Mais je n'oublierai pas vos bontés tant que je
vivrai; « elles sont pour moi comme la gravure sur la pierre, qui ne s'ef-
« face jamais. » Pendant que j'étais près de vous, dans mon impatiente
préoccupation, toutes les pensées que j'avais dans mon cœur s'évanoui-
rent comme le camphre, et s'éloignèrent à la fois. Actuellement que je suis
loin de vous, j'en éprouve un chagrin tel que Dieu seul en connaît l'é-
tendue. Vous pouvez bien, toutefois, vous faire une idée de ma position;
car, ainsi que l'a dit Saadi : « Le visage d'une belle n'a pas besoin du se-
« cours de la coiffeuse. » Toutefois, pour consoler mon esprit tristé et
abattu, ma langue répète ce vers de feu Mirza Rafi-us-sauda (1) :

« Que tu sois éloignée de moi de cent années de route, ou que tu sois
« ici même, quelque part que tu sois, ô ma bien-aimée, tu es toujours
« proche de mon cœur. »

Les deux paquets que vous avez bien voulu m'envoyer en présent me
sont parvenus; mais pourquoi vous être donné cette peine et cet embarras? Vos bontés pour moi sont bien suffisantes; l'édifice de votre bienveillance est assez solide. Qu'écrirai-je encore, sans parler de vos dons
et de vos faveurs?

Salut et respect. Supplique de l'ami sincère,

CHEIKH GOLAM-I MOHI-UDDIN (2).

P. S. Permettez-moi de faire parvenir à vos enfans mes vœux et mes
caresses; et de la part de mon humble ami Fazl Ali ses salutations respectueuses à vous, son hommage à madame et ses complimens à vos
heureux enfans.

Que cette lettre ait l'honneur d'être lue par sa seigneurie le Mounchi
Golam-i Haïder !

Le 6 zi-'lhijja 1234 (14 septembre 1819).

(1) Un des poëtes hindoustani les plus célèbres. Voyez plus loin les *Additions à
l'avant-propos.*

(2) *Golam-i Mohi-uddin* signifie *esclave de Mohi-uddin,* saint fort célèbre de l'Inde
musulmane, au sujet duquel on peut consulter mon *Mémoire sur des particularités de
la religion musulmane dans l'Inde,* pag. 46 et suiv.

الفت صاحبزادونکی خدمت نوکرونکی اس حد تلک هوئی اور ظهور میں آئی که

اگر تمام هر بن مو (۱) اسکی شکور هون تو بهی ادا نهو سکی اور آپ کی خوبیاں

تا لب زندگی اس حقیری دلی فراموش نهونگین، مصرع، پتهر کا نقش هی یه

متایا نجائینگا، اور یه نیازمند جنب تک آپ کی خدمت میں تها تمام فکر

وافکار جو اس عاجز کی دل بیکل میں تهی سب کی سب کافور هوگئی اور یک

لخت دور هوئی اور اب بهی باعث فراق یهابتک بیقراری هے که خدا هی جانتا هے

اور جو کچه احوال کام کاج کا آپ پر بخوبی روشن هے، مصرع، حاجت مشاطه

نیست روی دلارام را (۲) لاکن بهر تسلی خاطر غمگین وحزین یه شعر میرزا

رفیع السودا مرحوم کا ورد زبان هے: شعر

خواهی ره صد ساله هو خواهی تو یهیں هو

نزدیک بدل هو ایمیربجان کهیں هو (۳)

اور دو بستی سوغات کی جو آپ نے مرحمت فرمایا تها سو یهنچی غرض یهه

تکلیف اور یه تصدیع کیا ضرور تهی آپ کا الطاف بس هے خانه احسان آباد

زیاده بجز عنایات وکرم کی کیا لکهی والسلام والاکرام

عریضه مخلصی اخلاص امین شیخ غلام محی الدین

مربطرن سی صاحبزادونکو دعا ودیده بوسی یهنچی

بشرف مطالعه جناب منشی غلام حیدر مشرن باد ۴ ذی الحجه سنه ۱۲۳۴ اور

کتزین عقبدتمند دلی میرا فضل علی کی جانب سی خدمت شریف میں آپ اور

بی بی صاحبه کی بندگی ونیاز قبول هو اور برخورداران سعادت مندونکو دعای

فـــراوان مـــقـــبـــول (۴)

---

(1) Les mots تمام هر بن مو signifient à la lettre : « la racine de tous les poils du corps. »
(2) Cet hémistiche est tiré du *Gulistan* de Saadi.
(3) Ce vers est du mètre هزج, composé des pieds مفعول مفاعیل مفاعیل فعولن.
(4) J'ai réuni dans ma traduction les deux *post-scriptum* en un seul.

XVIII.

A monsieur le docteur, ami excellent et sans rancune. Que les faveurs dont il est comblé s'augmentent de plus en plus !

Le désir que j'ai de vous voir et de vous embrasser n'est point tel qu'il puisse s'exprimer par écrit ou verbalement. Si je formais le dessein de faire toucher à mon *calam*, couleur de nuit, ce vaste emplacement, ou de diriger les rênes noires de mon roseau (à écrire) dans cette plaine sans limite, il pourrait se faire que l'intelligence l'assistât dans sa course incertaine et qu'il s'arrêtât à propos; quoiqu'il soit plus probable que par l'effet de la honte il demeurât sur la terre couvert de sueur. C'est pourquoi ayant détourné les rênes de ce coursier loin de cet hippodrome sombre et désert et l'ayant dirigé d'un autre côté, je le fais galoper dans la plaine de mon but par le chemin de la droiture.

Depuis le jour que vous avez cessé de nous honorer de votre résidence ici, et que vous avez ainsi placé le vésicatoire de la séparation sur le cœur de vos amis, vous ne leur avez pas écrit une seule lettre. Que pouvons-nous dire de cette indifférence? Si vous ne voulez pas être en rapport avec nous, malgré nos relations antérieures, il est clair que vous regrettiez le moment que vous passeriez à écrire et la feuille de papier que vous perdriez. Mais vous devez savoir que le temps ne demeure pas uniforme; or, quelle excuse pouvez-vous donner de ne pas nous écrire, tandis que vous en avez si souvent l'occasion? En effet, beaucoup de personnes d'ici vont là où vous êtes, et beaucoup de personnes de chez vous viennent ici. Vous pourriez donc bien facilement nous favoriser quelquefois d'un billet. A propos, j'ai entendu dire que vous vous êtes marié; si cela est vrai, il vous reste encore à m'inviter. Vous jugerez sans doute nécessaire de me dédommager en me choisissant parmi vos autres amis pour m'adresser votre élève, qui doit nous honorer de sa présence. Il faudra donc écrire à Iftikhar-uddin Ali khan, afin qu'arrivé ici, il me cherche et se conduise envers moi comme il convient.

Si vous me faites l'amitié de m'adresser une lettre, n'oubliez pas de me parler des usages extraordinaires et merveilleux du pays que vous habitez,

۴۸

مولوی صاحب مشفق مہربان فراموشگار دور افتدگان زاد لطفہ

ذوق مواصلت کا اور شوق معانقت کا اتنا نہیں ہے کہ تحریر و تقریر میں
گنجائش پائی یا زبان و بیان میں آئی   اگر شیرنک قلم کو اس میدان ی پایان میں
چھیڑنی کا قصد کیجی   اور باک ادہم کلک کی اس مجرای ی انتہا میں چھوڑ
دیجی   تو دور نہیں ہے کہ دوڑتی دوڑتی مت کھڑا ہو کاندھی دینی لگی اور از
جائی   بلکہ نزدیک ہے کہ شرور سی عرق عرق ہو کر زمین میں گڑ جائی   اس
واسطے ہم اس میدان سنسان لق و دق سی اس کھوڑیکی باک موڑکر   اور اسطرف
سی اسی توڑکر   مدعا کی مغں میں کدھاتی ہیں   اور راستی کی راستی پر بٹھاتی
ہیں   جس دنسی آپ یہانسی تشریف لی گئی ہیں اور دوستونکی دلکو داغ
جدائیکا دی گئی ہیں ایک خط بھی نہ لکھا اس ی پروائی کو کبا کہتی ہیں
اگرچہ ہم لوگوں سی آپ منہ پھیر بیٹھی ہیں اور جانتی ہیں کہ اس گروہ سی
کیا کام کیا غرض ہے کہ نا حق ایک گھنری اوقات ضایع کر کاغذ خراب کیجی
اور کچھ لکھ بھیجی لیکن اسی بھی سجھی کہ زمانہ ایک رنک پر نہیں رہتا اگر
کبھی احیانا ملاقات ہو تو کیا عذر کیجیسیگا بہت صاحب لوک یہان کی وہان
وہانکی یہان آتی جاتی ہیں اگر گاہی ایک رقتی سی بھی منون فرمائی تو بعید نہیں
ہان کیا خوب ہنی سنا ہے کہ آپ نی وہان شادی کی ہے اگر یہ بات سچ ہے تو
ہاری ضیافت باقی ہے اسکو ادا کرنا ضرور جانئی اور ہاری ضیافت یہی بہت ہے
کہ صاحب لوگونمیں سی آپ کا شاگرد جو ادھر تشریف لاوی اسکی خدمت
میں ہاری سفارش کر دیجی اور افتخار الدین علی خان نام لکھوا دیجی کہ یہان
تشریف لاکر ہاری تلاش کری اور ہاری ہری پر دھیان دھری اور اگر مہربانی
نامہ آپ لکھیں تو ضرور ہے کہ بعضی عجایب و غرایب مراسم و اخبار بھی وہانسی
مندرج کریں کہ ہمیں علم حاصل ہووی اور دو گھنری اوقات خوش گزری
افسوس ہے کہ میر شبیر علی کا واقعہ ہوا حق تعالی اس متقی پرہیزگار کو بہشت

et des nouvelles qui y circulent, afin que j'en prenne connaissance et que je passe ainsi quelques momens agréables.

J'ai la douleur de vous apprendre la mort de Mir Cher Ali (1). Que Dieu accorde à cet austère dévot le pardon de ses fautes et l'admette dans le paradis ! M. Hunter (2) est toujours directeur et chef du collége (de Fort-William); M. Leyden est professeur d'hindoustani, et M. Matthew Lumsden, professeur de persan. Les gens distingués ne sont pas encore revenus à Calcutta; mais on annonce que le moment de leur retour approche. Nous verrons quand il s'effectuera. Le grand cazi *Muḥammad Nadjm-uddîn khân*, le maulawi *Siradj-uddîn Ali khân*, le maulawi *Rachid*, le maulawi *Mouïn-ullah*, etc. sont en bonne santé. Nous parlons souvent de vous, ensemble. J'ai exposé ce que j'avais à vous dire; je ne crois pas devoir vous fatiguer davantage en ajoutant à ces lignes.

Salut et respect.

Écrite le 10 janvier 1810 de l'ère du Messie, 1216 de celle du Bengale (3).

P. S. J'ai rédigé cette lettre très-vite, vous voudrez donc m'excuser s'il y a des défauts dans l'expression.

Si jamais vous m'écrivez, pour que votre missive me parvienne sûrement, veuillez me l'adresser sous le pli du *Nabab Wacik Ali khan*, à sa maison située dans le quartier de *Kolo tola*.

Mirza Kazim Ali Jawan (4) vous présente ses salutations respectueuses.

(1) Il s'agit ici de Mir Cher Ali Afsos, écrivain hindoustani distingué, auteur d'une statistique de l'Inde, d'un divan, d'une traduction du *Gulistan*, etc. L'auteur de la lettre a commencé à dessein sa phrase par le mot *afsos*, douleur, qui est le surnom poétique de l'écrivain dont il parle.

(2) Éditeur du dictionnaire hindoustani-anglais de J. Taylor, imprimé à Calcutta en 1808.

(3) Les années de cette ère luno-solaire sont généralement nommées فصلى, et aussi عکلى, ملکى et ولایتى. La première coïncide avec l'an 593 de J. C. Voyez la *Grammaire hindoustani* de Gilchrist, pag. 322 et suiv.

(4) Auteur du *Barah maça*, d'un roman de *Sacountala*, etc.

نصیب کری اور اسکی گناهونسی درگذر کری هنتر صاحب بدستور کالج کے مالك
وسردار هیں اور لِڈن صاحب هندی کے اور متهو لمسدین صاحب فارسی کے مدرس
هیں بڑی صاحب نے ابتلك كلكتی میں مراجعت نهیں کی ہے لیکن خبر آمد
آمد کی ہے دیکهیُ کب آتی هیں قاضی القضات محمد نجم الدین خان صاحب
مولوی سراج الدین علیخانصاحب مولوی راشد صاحب مولوی معین الله صاحب
وغیرهم سب بخیر وعافیت هیں اور اپکا ذکر اکثر در میان آ جاتا ہے اطلاعًا التماس
کیا زیاده صداع کا موجب جانکر نہ لکها

والسلام والاکرام

تحریرا فی التاریخ دهم ماه جنوری سنه مسیحی ۱۸۱۰ سنه بنگله ۱۲۱۹
یہ خط نیاز نامه هنی بهت جلد لکها ہے اگر عبارت میں کچه قصور هوا هو
تو معاف کیجیسُیگا

اگر کبهی خط لکهیُ تو مقام کولو توله حویلی نوّاب وائق علی خان صاحب
کی لغائ پر لکهیسُیگا البته هیں پهنچیگا

میرزا کاظم علی جوان کی طرف سی سلام نیاز پهنچی

१६ (1)

राम ।

राम ।

श्री मुसे पीतरु साहेब (2) बहादुर

स्वो स्ती (3) श्री सहेब वाला मोनाकीब (4) खोदावोंद नीश्रामती (5) के (कि) फीडुइ (6) करीम खा (7) कै (की) श्रजबंदगी (8) खीज़म-ती (9) में गुज़रि (10) श्रागे खोदावंद श्रापकि (श्राप के) हक (11) ता-लाब (12) नाज़ीर (13) है ज़ीस (ज़िस) में हमारा परवरीश (14) है श्रागे खोदावंद हम से श्राप ज़ो बात फरमाब (15) सो बात हम श्री तरफ (16) से इशारद (17) खासे (18) पूछा सो वो (वुह) ना का (19) इरादा खेत देने का नहीं है श्रागे हम ने काहा (कहा) की (कि) राज़ा साहेब कै (की) तरफ से कोई दूसर (दूसा) करीदा (20) देइ (दे) सो कहे नीकी (निकी) नहोगा वो (वुह) राज़ा साहेब की मरज़ी नहीं है श्रागे श्रज़ (21) ली भी

श्रसाढ सुदी २   २२ मह जुन १८३० इसवी ।

(1) Les originaux de cette lettre et des deux suivantes sont en caractères *nagari* óu *dévanagari* cursifs. 'J'ai eu soin de rétablir dans les notes, ou entre parenthèses, l'orthographe régulière des mots altérés. — (2) صاحب. — (3) Ces mots sont l'interjection laudative स्वस्ति سُوَسْتِ, séparée en deux parties. — (4) مـناقـب. — (5) عرضبندگی — (6) فدوی. — (7) خان. — (8) خداوند نعمتی. — (9) ناظر. — (10) گذری. — (11) حق. — (12) طلب؟ — (13) خدمتی. — (14) پرورش. — (15) فرماو. — (16) طرف. — (17) اشارت؟ — (18) خاصّی. — (19) Le savant M. Shakespear, dont je m'honore d'être disciple, pense que les mots वो ना نا وه sont pour أُسْنا, génitif (inusité) de وه, comme اینا l'est de آپ, et que la postposition ष, qui suit, n'est autre chose que le permutatif de نا. — (20) خریده. — (21) عرض.

गाभी
गाभय

श्री: मुरसंपीलबुरसाहेववगडन

गुरुओ रसी श्री: साहेवदाणामोनाफीयप्पो
दावोहं नी नामुली   क
फी हं कां तीमप्पाकैकारणवंछुशीप्पीजीम
तीमैगुणीरैकांगप्पोघढंद्दबलापाकै ह
कतावाच नाएतहेजीसतेहमाराप्परव
तीसतैकांगप्पोघढंद्दहमरूं कांपजी
वातफरमावसोवात हेकांपनीतरफ
रैंह आरहप्याखे पुद्दासोवोनाकाद्दरा
दाव्हादिनोका न ही हेकांगःमनेकांगा
श्रीराजासाहेवकीतरफूरसेकोई दुसतंफ
तीचाद्दसोंकारहनीकीनहोगावेराणा
साहेवकीप्ररणी नही हेकांगोकांरपीली
मी: कासाहेरुधीराशां: १९४ पूनसमगद्द्रद-|१२४२

XIX.

Salut.

'O excellent monsieur Peter !

Soyez loué, vous qui possédez les qualités les plus éminentes et qui êtes mon protecteur ! Votre dévoué serviteur Karim khan a l'honneur de vous présenter ses devoirs respectueux. Mon devoir étant de chercher à plaire à vous qui êtes mon patron, je désirerais avoir une indication précise pour ce que vous me commandez; car on ne veut pas laisser, au prix convenu, le champ en question. J'avais auparavant déclaré, de votre part, que dans ce cas on pourrait le vendre à une autre personne; toutefois on m'a dit que ce ne serait pas bien, et que ce n'est pas votre intention. Je dois donc vous exposer les faits.

Le 2ᵉ jour de la quinzaine lumineuse (1) du mois d'açarh, répondant au 22 juin 1830 de J. C.

(1) Les Indiens divisent le mois lunaire (*tchandar-mas* جنذر ماس) en deux parties: la quinzaine lumineuse, qu'ils nomment *soukal patch* سکل پچ ou *soudi* سدی; et la quinzaine obscure, nommée *krichn patch* کرشن پچ ou *badi* بدی. Le premier jour ou *tith* تتھ de ces deux quinzaines se nomme *parwa* ou *pariwa* پروا; le second, *douj* دوج; le troisième, *tij* تیج; le quatrième, *tchaut, tchauti* et *tchatourthi* چوتھی - چوتی - چترتھی; le cinquième, *pantchami* ou *pantchamin* پنچمی - پنچمین; le sixième, *tchathi* چھٹھی; le septième, *saptami* سپتمی; le huitième, *achtami* أشتمی; le neuvième, *naumi* ou *naumin* نومی - نومین; le dixième, *daçami* دسمی; le onzième, *ékadaçi* أیکادسی; le douzième, *douadaçi* داودسی; le treizième, *trayodaci* ou *téras* تریودسی - تیرس; le quatorzième, *tchaudas, tchaudaçi* et *tchatourdaci* چترودسی - چودسی - چودس. Le quinzième jour de *soudi* se nomme *pouran-maci* پورنماسی, c'est-à-dire, *pleine lune*, et le quinzième de *badi*, *amawas* أماوس, c'est-à-dire, *la conjonction du soleil et de la lune*. Généralement, les Indiens commencent le mois civil, le premier jour de *badi* ou de la quinzaine obscure.

२०

राम ।

सोवस्ती श्री तरब उपमा जी गवमर ज़ादा (1) सागर भारा सामरथ गौ बरह्मन के रह्हा पालक अः (आ) चचा कोंगठ (कीगंठ) को ली: (लीआ) इमाम बकश (2) का सलाम आगे इह्ा (3) खयर (4) आफीअत (5) है आप का खयर आफीअत खोदा ताला (6) रखे जीसे (जिस्से) खुशी (7) हासील (8) होय आगे बहुत रोज़ (9) हुआ आप को खयर सलाह्ही (10) नह्हीं मीला (मिला) जीव (11) अदेस में है तो चीठी (चिठ्ठी) के देखते अपाना (अपना) खयर सलाह्ही लीखना (लिखना)

२१

राम ।

श्री राम ठह्ल सोनार (सुनार) साकीन (साकिन) देअठपुर पग नेपाली ज़ोला (12) सारन ह्ल (13) शह्र कलकता दोकान ज्ञान बाज़ार (14) आगे ह्म सदिआल मह्तो से साबीक (15) ह्ाल यक तीस (16) रूपैआ करज़ा (17) ली ह्ल ते (18) कर तमसुक (19) लीख (लिख) दी ह्ल करार कर्ज़े (20) तीन रूपैआ मह्ीन (मह्ीना) वार दे ह्ी बे उज़ुर (21) ला कलाम

<hr>

(1) زاده. — (2) بخش. — (3) ایسا ? — (4) خیر. — (5) عافیت. — (6) صلاح. — (7) خدا تعالی. — (8) حاصل. — (9) روز. — (10) — (11) جیو ou ج *âme*. Ce substantif est ici employé pour le pronom réfléchi. — (12) ضلع. — (13) حال. — (14) بازار. — (15) سابق. — (16) pour اکتیس. — (17) قرض. — (18) طی ? — (19) تمسّك. — (20) قرض. — (21) بی عُذر.

XX.

Salut.

Soyez loué, seigneur Sarb-Oupma !

Je dois vous dire que Gaumar zadah, qui est plein d'habileté, et qui est le gardien des bœufs du brahmane, étant venu, a pris avec lui son oncle le timonier.

Je salue Imam Bakhch, et lui souhaite la conservation de son bonheur et de sa santé. Que Dieu très-haut vous conserve vous-même sain et sauf, en sorte que le contentement résulte de votre état.

Il y a bien long-temps que je n'ai eu l'avantage de recevoir de vos nouvelles. Mais je suis toujours à vos ordres. Après avoir lu mon billet, écrivez-moi pour m'informer de votre santé.

XXI.

Salut.

Au bijoutier dévoué au service de Ram, et habitant de Déatpour pag-népali, dans le district de Saran, actuellement à une boutique du marché de la ville de Calcutta, nommé *Jan-bazar.*

Précédemment, dans le temps, j'ai emprunté 3 1 roupies au mahto (1) Sidéal; et les ayant serrées, j'en ai fait le reçu que je lui ai donné. Actuellement, pour assurer le payement de cette dette, j'ai pris l'engagement de lui remettre chaque mois sans faute, jusqu'à l'entier remboursement, la somme de 3 roupies.

Savoir :

(1) Fonctionnaire chargé de recueillir les revenus des villages.

बैसाख के (की)	सावन के	कातिके (कातिक की)
पुरनवसी (पूरनमासी)	पुरनवासी	पुरनवासी
३	३	३
जेठ के	भादों के	अगहन के
पुरनवासी	पुरनवासी	पुरनवासी
३	३	३
असार (असाढ)	कुआर के	पुस (पूस)
के पुरनवासी	पुरनवासी	के पुरनवसी
३	३	३

माघ के पुरनवासी

$$\frac{4}{३१}$$

करार माघ के पुरनवासी के कात (1) मताबीक (2) भरना कैय दे
ह्री अगर कात खीलाफ (3) ह्रोय तकपनी के सुदी मताबीक अ-
साठ सुदी भरना कैय दे ह्री बेङ्गुर

साबीक (4) बाकी (5)   ह्राठ नगइ
            १२   दीम्रा
अगहन मह्रीना के   १२

(1) كتب *lettre, écrit.* — (2) مطابق? — (3) خلاف. — (4) سابق. —
(5) باقي.

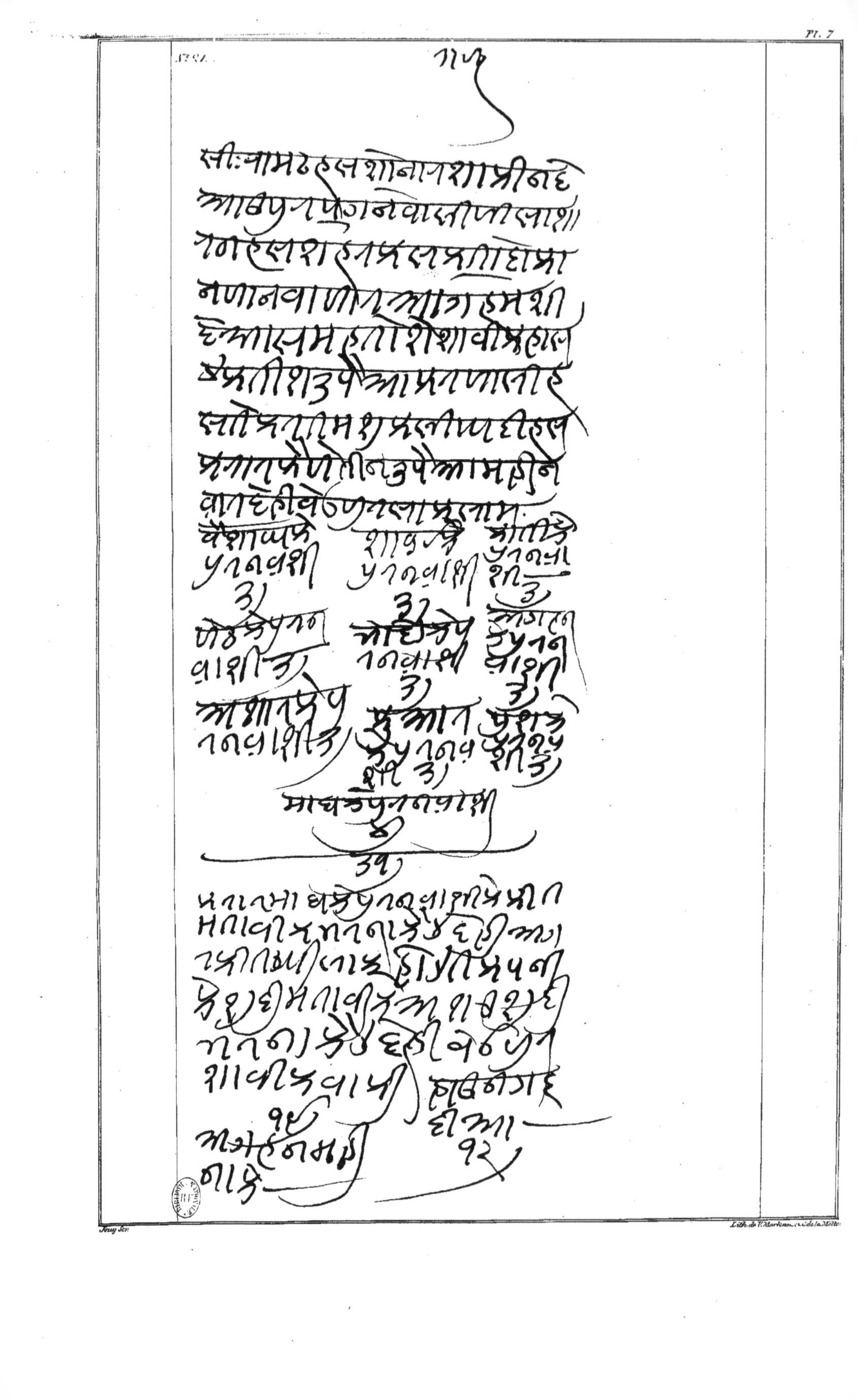

A la pleine lune de *baïsakh* (avril).	A la pleine lune de *sawan* (juillet).	A la pleine lune de *katic* (octobre).
3.	3.	3.
A la pleine lune de *jeth* (mai).	A la pleine lune de *badhon* (août).	A la pleine lune d'*aghan* (novembre).
3.	3.	3.
A la pleine lune d'*açarh* (juin).	A la pleine lune de *kouar* (septembre).	A la pleine lune de *pous* (décembre).
3.	3.	3.

A la pleine lune de *magh* (janvier).

4.

———

Total.... 31.

Cet engagement, conformément à mon écrit, doit être rempli à la pleine lune de *magh* (janvier). Si j'y manque, je donnerai sans faute le solde, dans la quinzaine lumineuse d'*açarh* (juin). Actuellement, mois d'*aghan* (novembre), il reste 19 roupies seulement à payer; car j'en ai déjà donné 12 dans le marché de *nagaï*.

FIN DES LETTRES.

ADDITIONS

A L'AVANT-PROPOS

DES RUDIMENS DE LA LANGUE HINDOUSTANI.

Pag. 8, lig. 3. Le Gange n'est pas la limite orientale de l'hindoustani, comme on pourrait le penser d'après mes expressions. Cette langue est usitée dans une partie de l'Inde, au-delà du fleuve sacré des Hindous (1), et notamment dans la province d'Arracan (2). Elle l'est aussi dans les îles Maldives (3) et Lakedives; bien plus, elle est entendue par un grand nombre des habitans de toutes les villes de l'Asie fréquentées par des Indiens (4), et entre autres par ceux de la Mecque, où le célèbre voyageur Burckhardt nous assure qu'il y a peu de marchands qui ne soient en état de compter en hindoustani, et qui ne sachent les phrases qui sont de l'usage le plus ordinaire pour vendre et pour acheter (5).

A mesure que des trônes musulmans s'élevèrent dans l'Inde septentrionale et méridionale, il naquit quelques légères différences entre le langage du nord et celui du midi; et il se forma ainsi deux dialectes (6), celui du nord auquel s'applique spécialement le nom d'*ourdou* اردو, et celui du midi, qui est désigné sous le nom de *goujri* گجری (7), synonyme d'*ourdou* dans le sens de *marché* (8) et de

(1) W. B. Barley, *Dissertation on the history, formation and utility of the hindoostanee language,* dans le volume intitulé : *Essays by the students of the college of Fort-William in Bengal.*

(2) Hamilton, *East.-India gazetteer,* tom. I, pag. 59.

(3) *Ibid.* tom. II, pag. 192.

(4) Aussi M. de Grandpré, dans son *Voyage dans l'Inde,* tom. I, pag. 121 (Paris, 1801), a-t-il eu quelque raison de dire que cette langue est usitée dans toute l'Asie, la Chine exceptée.

(5) Burckhardt, *Travels in Arabia.* — *Journal des savans,* 1830, pag. 95.

(6) Comme en France, dans le moyen âge, nos langues d'oïl et d'oc.

(7) Ou گوجری pour گذری.

(8) On lit dans le poëme hindoustani de *Joseph et Zalikha* par Amin :

سنو مطلب اهي اب يون اميـن كا كلهى گوجری منين يوسف زليخـا

dakhni ou *méridional*. L'hindoustani septentrional, où *ourdou*, est donc parlé dans les contrées situées au nord du *Nerbudda*, et le méridional ou *dakhni*, dans celles qui sont situées au midi de ce fleuve. Ce dernier dialecte était usité dans l'empire *Bhamani*, dans les royaumes de Visapour, de Golconde (1), etc., qui le remplacèrent; c'était la langue d'Haïder et de Tippou, dont la bibliothèque renfermait plusieurs ouvrages remarquables écrits en cet idiome (2), ouvrages qui enrichissent actuellement la bibliothèque de la compagnie des Indes à Londres.

Depuis Khosrau, qui écrivait à Dehli dans le xive siècle, l'hindoustani septentrional a été cultivé par différens auteurs plus ou moins distingués; mais ce n'est que dans le siècle dernier que trois poëtes, Haçan, Sauda et Mir, ont acquis par leurs compositions dans ce dialecte une grande réputation. Il n'en a pas été ainsi pour l'hindoustani méridional. Plusieurs poëtes, qui méritent à juste titre la célébrité dont ils jouissent, ont écrit en ce dialecte, dans le xvie et le xviie siècle, des ouvrages qui font encore aujourd'hui l'admiration de leurs compatriotes. Parmi ces écrivains, on doit distinguer Nasrati, qui écrivait dans la dernière moitié du xvie siècle, et Wali, à la même époque du xviie (3).

Les ouvrages les plus remarquables de Nasrati sont : un poëme intitulé *le Jardin d'amour, ou Histoire de Manahora, fils de Souraj Bhanou, et de Madhamalati*, poëme dont il y a des copies dans les bibliothèques du collége de Fort-William à Calcutta, et de la compagnie des Indes à Londres; et un recueil

امین اسکون اناری گوجری میسن ہریک جاگہہ قصا ہے فارسی میسن

کہ پوچھی ہرکدام اسکی حقیقت بڑی ہی گوجری جک بیچ نعمت

« Mon intention est d'écrire en *goujri* un poëme sur Joseph et Zalikha. On trouve
« partout l'histoire de ces deux personnages en persan; mais je veux la tracer en *goujri*.
« Tout le monde désire la connaître, je rendrai donc un service essentiel en la donnant
« dans la langue généralement usitée. »

(1). Le premier roi de Golconde, Kouli-coutb-chah, a laissé, en hindoustani, des œuvres poétiques qui sont citées dans le catalogue des livres de Tippou et du collége de Fort-William. Il monta sur le trône en 1582, à l'âge de 12 ans.

(2) On en lit la notice dans le *Descriptive catalogue of the oriental library of the late Tippoo sultan of Mysore*, par C. Stewart, pag. 178 et suiv.

(3) Je citerai encore Mohammad Amin, auteur d'un masnavi, sur Joseph et Zalikha, imité de Jami. J'ai dans ma collection particulière un exemplaire de cet ouvrage, que mon savant et excellent ami M. Antony Troyer a eu la bonté de faire copier pour moi, sur le manuscrit unique qui existe à Calcutta dans la bibliothèque du collége de Fort-William. On trouvera un fragment de ce poëme, p. 61.

d'odes, etc., intitulé *le Bouquet d'amour*. Nasrati est aussi auteur d'une histoire en vers d'Ali Adil Chah, roi de Visapour.

Wali, natif du Guzarate, paraît avoir écrit dans la ville de Surate, à la description de laquelle il a consacré un masnavi, qui se trouve dans la collection de ses œuvres. On peut, je crois, considérer ce poëte non-seulement comme le premier écrivain hindoustani du Décan, mais peut-être encore comme le plus remarquable de toute l'Inde. Les natifs semblent le reconnaître comme tel; car ils n'ont pas hésité à le nommer *le père de la poésie hindoustani* بابای ریختہ. Son divan est digne en effet de faire le pendant de ceux de Moténabbi en arabe, de Hafiz en persan, et de Baki en turc. Il est encore inédit, quoiqu'on ait publié dans l'Inde un bon nombre de poésies hindoustani bien moins remarquables; toutefois j'en ai préparé une édition d'après six exemplaires que j'ai pu réunir, et j'espère qu'elle ne tardera pas à paraître.

Il existe aussi en hindoustani du Décan un poëme de l'étendue du *Chah-namah*, et d'un intérêt analogue, où est célébrée la guerre que les Arabes firent au commencement de l'islamisme contre les Persans et les autres peuples. Le héros du poëme est Ali, patron des *Imamiens* ou *Chiites;* en outre, un brave guerrier nommé أبو محجن y joue un grand rôle. M. Shakespear m'a appris que la bibliothèque de la compagnie des Indes orientales à Londres possède un bel exemplaire de cet ouvrage, enrichi de différens dessins coloriés, pareils à ceux qu'on voit dans la plupart des exemplaires du *Chah-namah*. Il est intitulé خاور نامه ou *Livre de l'occident*, et non *Livre du Soleil* (Sun book), comme a traduit R. Hole (1).

Pag. 8, lig. 12. Les Européens nomment aussi l'hindoustani *maure*, surtout à la côte de Coromandel, et quelquefois *langue brahmanique*, et même *dévanagari* (2), *nagari* ou *nagri* (3).

Ibid. J'ai oublié de dire que l'hindoustani, qui, dans plusieurs parties de l'Inde, existe concurremment avec un idiome provincial, est seul parlé dans le royaume d'Aoude, dans les provinces de Bahar et d'Ilahabad, de Dehli et d'Agra, et dans une grande partie du Décan proprement dit.

____

(1) *Remarks on the arabian nights' entertainments*, pag. 62. — Ibn Hoçam a écrit en persan, dans le xve siècle, un poëme sur le même sujet. Voyez Stewart, *Catalogue of the library of Tippoo*, pag. 68.

(2) Paulin de Saint-Barthélemy, *Voyages*, traduction française, tom. II, pag. 205.

(3) On a imprimé à Sérampore, en 1818, une version hindoustani des psaumes sous ce titre : *The psalms of David, translated into nagree by the Serampore missionaries.* In-8°.

Pag. 8, lig. 21. J'ai dit que les Hindous ne reçurent généralement pas l'usage adopté par les Musulmans d'écrire l'hindoustani en caractères persans, et cela est vrai. Toutefois ils se servent aujourd'hui bien rarement de leur ancien caractère dévanagari. Peu s'en faut que l'alphabet persan ne l'ait tout-à-fait remplacé, même pour écrire le *bradj-bhakha* (1). Seulement les mots بسم الله الرحمن الرحيم *au nom de Dieu clément et miséricordieux*, au commencement d'un ouvrage, indiquent qu'il est tracé par un Musulman, et la formule شری گنیش ایسه *louange à Ganécha*, qu'il est dû à un Hindou.

Pag. 8, lig. 25. Le *bradj-bhakha* se subdivise en trois différens dialectes : le *bhakha* proprement dit, dont il est parlé dans l'avant-propos; le *khari-boli*, usité à Dehli et à Agra (2); et le *pourbi-bhakha* ou *bhakha* oriental, qui est parlé à l'orient de Dehli, à Aoude et à Bénarès. Le Ramayana (3) de Toulsi-das, imprimé, in-4°, à Kidderpour, en 1811, est écrit en ce dernier dialecte. Il existe une collection de poëmes en ce même dialecte intitulée راگ رساله, dont on conserve un manuscrit à la bibliothèque du collège de Fort-William à Calcutta.

Ces variétés de l'*hindi* ou *hindouwi* ont une littérature qui leur est propre, et l'on peut assurer avec le savant indianiste, M. Wilson, qu'elle présente un grand intérêt. Voyez l'introduction à la *Collection Mackenzie*, tom. I, pag. iij.

Pag. 9, lig. 4. Des vers hindoustani, tirés des productions les plus remarquables, sont quelquefois gravés sur des chatons d'anneaux indiens. Tel est le vers suivant de Wali, qui orne un cachet dont M. Reinaud, de l'Académie des inscriptions, a lu l'empreinte quelque part :

ھ ای ولی پرت سون معمور کعبة دل   نہیں باج حقکی دوجا دلکی حرم کا محرم

(1) J'ai dans ma collection particulière plusieurs manuscrits bradj-bhakha en caractères persans.

(2) J'ai déjà dit que le *Prem-sagar* (Océan de l'amour), *ou Histoire de Krichna*, est en ce dialecte, qui ne diffère du véritable hindoustani que par l'exclusion presque totale des mots arabes et persans (voyez Gilchrist, *the Oriental Fabulist*, pag. v). Cet ouvrage n'est autre chose qu'une version du x° chapitre du *Bhagavat* de *Viaça-deva* (voyez la traduction française sous le titre *Bagavadam*, pag. 271 et suiv.). M. W. Price, professeur d'hindoustani au collège de Fort-William, a donné, en 1814, un vocabulaire des mots particuliers au *khari-boli* qui se trouvent dans ce livre.

(3) Kéçavadas, célèbre écrivain hindoustani qui vivait à la fin du xvi° siècle, a donné aussi un poëme sur la légende du *Ramayana*. Cet ouvrage et les autres qu'on doit à cet auteur présentent d'autant plus d'intérêt, qu'ayant été écrits dans le temps où l'hindoustani moderne commençait à avoir une littérature, ils forment la transition de l'ancienne littérature des indigènes à la moderne des Musulmans. (H. H. Wilson, *Mack. Coll.* pag. liij.)

« O Wali ! l'amour remplit la Caaba de ton cœur, de ce cœur dont le harem
« n'a d'autre *mahram* (1) que Dieu. »

PAG. 9, LIG. 6. Laknau est actuellement en effet la ville de l'Inde septentrionale où l'hindoustani est le plus cultivé. Afsos nous en donne la raison en ces
termes, dans son *Araïch-i Mahfil* (2) : « Après, dit-il, le désastre de Chah-jahan-
« abad (Dehli), beaucoup de ses habitans, tant d'entre les princes que d'entre les
« pauvres, vinrent se fixer à Laknau sous le gouvernement des nababs Safdar-jang
« et Choujah-uddaulah, et y vécurent dans la sécurité. De là, Laknau fut consi-
« dérée comme ayant remplacé Dehli. Ses habitans, en vivant avec ceux de cette
« dernière ville, acquirent la pureté de leur diction, et ceux dont l'esprit sentait
« la cadence devinrent poëtes. »

Par la même raison, Mourchid-abad est la ville du Bengale où l'hindoustani se
parle le plus purement. Un très-grand nombre d'habitans du haut Hindoustan
s'y établirent après la dévastation de Dehli, et les natifs se formèrent, dans leur
société, au langage correct (3).

A Calcutta, on parle moins purement l'hindoustani, qui est néanmoins la langue générale des habitans de cette ville immense.

Les poëtes Haçan, Sauda et Mir (4) ont vécu plusieurs années et sont morts
à Laknau. Cette circonstance contribue, je crois, à les faire constamment citer
comme les trois poëtes les plus distingués qui aient écrit en hindoustani. En effet,
le royaume d'Aoude n'étant séparé du Bengale que par le Bihar, les ouvrages
des écrivains de Laknau doivent être beaucoup plus communs à Calcutta que ceux
des écrivains des autres provinces de l'Inde. Or, comme c'est surtout à Calcutta,
capitale de l'Inde britannique, que les Anglais se sont occupés de l'hindoustani,
ils ont dû nécessairement l'étudier dans les écrits des trois poëtes que les habitans
de Laknau estiment le plus ; et comme les autres compositions leur étaient incon-
nues, ils n'ont pas hésité à placer vaguement les poëtes dont il s'agit à la tête des
écrivains hindoustani. Mais je crois que ce classement n'est pas parfaitement exact.

(1) On nomme *mahram* celui qui est admis dans le *haram* ou *zanana* (gynécée), c'est-
à-dire, outre le mari, le père, les frères, les oncles et les beaux-frères.

(2) Pag. 106, édition de Calcutta.

(3) Pag. 122, id.

(4) Haçan s'est cité lui-même à côté de Sauda et de Mir, dans ce vers de son *Sihr-
ulbaïan*, pag. 78, vers 6, édition de Calcutta :

دهری ایک بیاض اور رشک چمن   پر از شعر سودا ومیر وحسن

« Elle plaça auprès d'elle un album, honte du jardin, où étaient tracés des vers de
« Sauda, de Mir et d'Haçan. »

On pourrait en conclure que, jusqu'au dernier siècle, il n'y a eu aucun écrivain hindoustani distingué; tandis que plusieurs poëtes, soit dans le nord, soit dans le midi, ont laissé des productions qui, pour être moins connues que celles d'Haçan, de Sauda et de Mir, n'en sont pas moins admirables. J'ose même dire que celles du midi, qui jusqu'ici n'ont pas attiré l'attention des orientalistes anglais, présentent plus d'intérêt encore que celles du nord, et méritent d'être révélées à l'Europe savante.

Pag. 10, lig. 9. L'épithète de *belle* que je donne à la langue hindoustani, lui convient sous tous les rapports, surtout sous celui de la richesse. Une thèse fut soutenue en 1814 au collége de Fort-William, sur cette proposition : « L'hindous-« tani, à cause de son origine diverse et de sa composition, est nécessairement le « plus riche des idiomes de l'Asie (1). »

Pag. 10, lig. 13. Sur cette population de cent trente millions d'habitans (environ), qui occupent (à peu près) un aréal de quatre cent soixante mille lieues carrées, le septième, c'est-à-dire dix-huit à dix-neuf millions (2) d'habitans sont Musulmans, et leur langue n'est pas autre que l'hindoustani.

Pag. 11, lig. 15. M. Bourgoin, que j'ai désigné comme directeur de l'institution des enfans de langue de Pondichéry, n'occupe plus ce poste; il a quitté en 1830 le chef-lieu de l'Inde française.

Pag. 12, lig. 11. Les savans orientalistes Shakespear et Stewart ont donné l'un et l'autre leur démission. Le premier est remplacé par M. Richard Haughton, ancien auditeur de notre illustre érudit M. de Sacy, le second par le révérend H. G. Keene.

Pag. 13, lig. 11. M. Wilson parle de Sourdas (3) dans son excellent *Mémoire sur les sectes hindoues* (*Asiatic Researches*, tom. XVI, pag. 48). On y lit que ce poëte était de la secte de Wichnou, et très-dévot à ce dieu en l'honneur de qui tous ses poëmes sont écrits.

On trouve dans le même endroit des détails intéressans sur le célèbre poëte Toulsi-das. Outre sa version hindoustani du Ramayana, qui lui a acquis parmi ses

____

(1) *Annals of the college of Fort-William*, pag. 398.
(2) *Asiatic Journal*, tom. XXVIII, pag. 458.
(3) Le mot *das* qui termine beaucoup de mots indiens, signifie *serviteur;* ainsi *Sour-das* doit se traduire par *serviteur du soleil. Gil*, en gallique, a le même sens; de là, Gilchrist (nom d'un célèbre orientaliste écossais) signifie *serviteur du Christ.*

compatriotes une très-grande réputation, on lui doit plusieurs autres compositions estimées, savoir : un *satsaï*, sorte de divan, ou collection de sept cents stances sur différens sujets; le *Ram-Ganawali*, série de vers en l'honneur de *Rama*; le *Guitawali* et le *Vinaya Patrica*, poëmes moraux et religieux; enfin, beaucoup d'hymnes en l'honneur de Rama sa divinité tutélaire, et de Sita, épouse de Rama. Toulsi-das mourut en 1624 de J. C. à Bénarès, où il avait fait bâtir un temple à Rama et à Sita, avec un *math* (1), édifices qui subsistent encore. M. Wilson assure que les ouvrages de Toulsi-das exercent plus d'influence sur la masse de la population hindoue que les nombreux volumes des compositions sanscrites.

Pag. 16, lig. 20. On n'a imprimé à Calcutta que la première partie de l'ouvrage de Cher Ali Afsos, dont il est ici parlé : mais il paraît qu'il y en a un exemplaire manuscrit complet dans la bibliothèque du collége de Fort-William à Calcutta; car il est indiqué comme tel dans le catalogue manuscrit des livres de cette bibliothèque. On doit aussi à Afsos un divan fort estimé, qui se conserve aussi en manuscrit dans la même bibliothèque et dans celle de la compagnie des Indes orientales à Londres.

Pag. 16, lig. 26. L'hindoustani moderne est plus riche en compositions historiques que je ne le croyais à l'époque où j'ai publié mes Rudimens. Quant à l'hindoustani ancien, il offre en ce genre un champ fort vaste à explorer. De temps en temps les Européens découvrent en cette langue des ouvrages historiques, dont on ignorait jusqu'ici l'existence. C'est surtout dans les États rajpoutes qu'on a droit d'espérer d'en trouver un grand nombre qui ne sont pas encore parvenus à la connaissance des savans orientalistes anglais. Mais parmi ceux qui sont en lumière, on peut citer le poëme historique de *Chand* et le *Bhakta mala* (2); les histoires de Chatra Sal souverain de Bandelkand (3), de Pritwi-raja, etc.; des ouvrages sur les sectes religieuses des Sikhs, des Jaïns, des Sads, des Kabir-panthis, etc. J'aurai occasion de parler en détail de tous ces ouvrages dans la Biographie et Bibliographie des écrivains hindoustani que je me propose de publier.

Pag. 17, lig. 10. Mir Mohammed Taki était natif d'Agra; il fut élevé à Dehli, et résida ensuite à Laknau, où il mourut au commencement du siècle. Ses œuvres poétiques ont été imprimées à Calcutta, à l'exception d'un petit nombre

(1) مهت, collége ou couvent hindou.
(2) Voyez, dans le *Journal des savans*, mon article sur les *Selections* de M. W. Price, année 1832, pag. 430 et 435.
(3) *Ibid.*

de pièces écrites en persan, qui ne jouissent pas, à beaucoup près, de la célébrité de celles qui sont écrites en hindoustani. On le met sur la même ligne que Sauda, et on préfère même plusieurs de ses compositions à celles de son rival, qui est néanmoins nommé *le prince des poëtes hindoustani* ملك شعراء رتبہ (1).

PAG. 17, LIG. 28. Mir Haçan était fils de Mir Golam-i Houçaïn Zahic, auteur lui-même de poésies remarquables. Ses ancêtres étaient de la classe des *Saïds*, et originaires de la ville d'Hérat; ils vinrent se fixer à Dehli, où Haçan naquit et demeura jusqu'à l'âge de raison. Dès ses plus jeunes années, il fit paraître un goût prononcé pour la poésie, et des étincelles de génie brillaient dans ses compositions enfantines. Il jouit, à Dehli, de la société de Mir Dard, célèbre poëte hindoustani, qui put lui donner de bons conseils. A l'époque du renversement du sultanat, Haçan se retira avec son père à Faiz-Abad, dans le royaume d'Aoude.

Haçan ne connaissait pas l'arabe; mais il savait le persan et faisait même quelquefois des vers en cette langue. Il est auteur d'un divan hindoustani, dont on admire les gazelles et les *roubaï* (quatrains). Il avait les qualités du cœur aussi parfaites que celles de l'esprit. Il était basané, grand, ne laissait pas croître sa barbe, et arrangeait son turban comme les natifs de l'Hindoustan. Il mourut au commencement de *moharram* 1201 (octobre 1786), et fut enseveli à Laknau. Il laissa quatre fils, qui étaient encore vivans en 1803. Trois étaient poëtes et habitaient Faiz-Abad (2).

Le masnavi intitulé *Sihr-ulbaïan* (la Magie de l'éloquence), *ou Histoire du prince Bénazir*, est le principal ouvrage d'Haçan. On y trouve des détails ethnographiques fort curieux; entre autres sur la parure des femmes, sur les danses des bayadères, et sur les cérémonies du mariage des Musulmans. Cette dernière description confirme tout-à-fait le récit de C. Mackenzie (*Transactions of the R. Asiatic Society*, t. III, p. 160), et celui de Mme H. Ali (*Observations on the Musulmauns of India*, t. I, p. 350 et suiv.). Le sujet de ce poëme n'a aucun rapport avec l'histoire du prince Bénazir qu'on lit dans l'édition des *Mille et une Nuits* de M. Ed. Gauthier d'Arc.

PAG. 18, LIG. 9. Le poëme hindoustani de *Camroup et Cala*, ou pour mieux dire, des *Aventures de Camroup*, n'est pas traduit du roman persan qui porte le même titre; seulement la même légende fait le sujet des deux ouvrages.

(1) Roebuck, *Annals of the college of Fort-William*, pag. 286.
(2) Les détails qui précèdent sont extraits de la vie d'Haçan écrite en hindoustani et placée en tête de l'édition de son poëme intitulé *Sihr-ulbaïan*.

Je traiterai cette question dans la préface de la traduction du poëme hindoustani, que j'espère publier bientôt.

PAG. 18, LIG. 21. J'aurais pu encore citer parmi les traductions du persan celles de l'*Anwar-i sohaïli* (1), du *Bostan*, de *Hatim-Taï*, du *Touti-namah*, du *Bahar danich*, du *Mantac ul-taïr*, de l'*Akbar-namah*, du *Touzouk Babari*, différens abrégés du *Chah-namah*, etc., et parmi celles de l'arabe, la traduction du Coran, dont il a paru en 1828 à Calcutta une édition lithographiée, celle de *Calila et Dimnah*, etc.

On trouve aussi en hindoustani de nombreuses traductions du sanscrit : l'*Amritadhara*, exposition du système de philosophie nommé *Védanta* par *Bhavananda-das;* le *Chhandoguya Upanichad;* le *Mahâbarata*, au moins en partie; le *Nrisinha Upanichad;* le *Roukmini Mangal tchar* ou Mariage de Roukmini; l'*Yoga Vacichtha*, etc.

ADDITIONS

AUX NOTES DE L'AVANT-PROPOS.

PAG. 22, NOTE 18. M. Marcel, ancien administrateur de l'Imprimerie royale, possède un exemplaire manuscrit in-4° de la grammaire hindoustani de Ketelaer, la plus ancienne qu'on connaisse en une langue d'Europe. Elle est écrite en hollandais, et a été copiée à Surate en 1719. C'est cette même grammaire que Millius a publiée en latin en 1743. Ketelaer, envoyé de la compagnie hollandaise des Indes orientales auprès du Grand Mogol, était aussi directeur de la compagnie à Surate.

Le missionnaire Schulz, outre sa *Grammatica hindoustanica*, publiée à Halle (en Saxe) en 1745, fit paraître, dans la même ville, diverses portions de la Bible en hindoustani. M. Marcel possède les Actes des apôtres, petit in-8°, sans indication de lieu ni d'année; une partie de la Genèse, imprimée en 1745, et une partie du Psautier, avec la date de 1747. On a aussi du même auteur une *Summula doctrinæ Christianæ*, en hindoustani, Halle, 1743. Tous ces ouvrages ont été publiés par J. H. Callenberg.

(1) En dialecte du Décan, imprimé à Madras en 1824, in-fol.

PAG. 23, NOTE 19. Le dictionnaire hindoustani - latin - français d'Anquetil Duperron, dont j'ai parlé dans cette note, n'est qu'une copie du dictionnaire du P. François Marie, missionnaire-capucin à Surate; ouvrage qui, de cette ville, passa à la bibliothèque de la Propagande, et qui enrichit actuellement la collection des manuscrits de la Bibliothèque du roi.

PAG. 24, NOTE 23. J'aurais dû joindre à la citation de Virgile la suivante de Job (XXX, 26) : « Præstolabar lucem, et eruperunt tenebræ. »

PAG. 24, NOTE 29. M. W. Price, dans ses *Hindee and hindoostanee Selections* (Calcutta, 1827), donne une grande quantité de chants populaires, tant en *hindoustani* proprement dit, qu'en *hindouwi*. — Trinks en a publié quelques-uns à Londres, avec la musique notée.

PAG. 25, NOTE 26. Aux catalogues cités ici, je dois ajouter celui de sir W. Ouseley, Londres, 1832, et le catalogue manuscrit de la bibliothèque du collége de Fort-William à Calcutta, où sont indiqués 153 volumes hindoustani.

PAG. 25, NOTE 39. Ali Ibrahim Khan, auteur de la Biographie des poëtes hindoustani, intitulée *Gulzar-i Ibrahim,* est le même qui a enrichi le tome Ier des *Asiatic Researches,* d'un article sur l'ordalie chez les Hindous.

PAG. 25, NOTE 41. L'édition des œuvres choisies de Sauda, publiée à Calcutta, a été revue par Cher Ali Afsos, auteur de plusieurs ouvrages très-estimés ; mais comme il n'avait à sa disposition qu'une seule copie très-fautive des poésies de Sauda, il avoue, dans la préface de l'*Araïch-i Mahfil,* que cette édition n'est pas parfaitement correcte. Les Anglais ont, avec raison, surnommé Sauda *le Juvénal de l'Inde,* parce qu'il a écrit des satires où brille l'esprit du poëte romain, mais où se retrouve aussi quelquefois le peu de retenue de ses expressions. Dans le choix dont je parle, on a eu soin de ne pas donner place aux pièces de ce dernier genre (1).

Le surnom poétique de *Mohammed Rafia,* nom propre du poëte dont il s'agit, est *Sauda* سودا, qui signifie *amour* ou *folie,* et non *insensé,* comme je l'ai dit par erreur. Ces sortes de noms, appelés تخلّص, sont ordinairement abstraits (2).

---

(1) Voyez Roebuck, *Annals of the college of Fort-William,* pag. 256. J'ai dans ma collection particulière deux manuscrits des œuvres complètes de Sauda.

(2) Voyez mon *Mémoire sur des particularités de la religion musulmane dans l'Inde,* pag. 21 du tirage particulier.

8

ADDITIONS

AUX RUDIMENS DE LA LANGUE HINDOUSTANI.

PAG. 30, LIG. 27. Lorsque le *noun* représente l'anuswara, il cesse d'être dental, devient nasal et se prononce par conséquent d'une manière sourde, surtout après les voyelles longues; ainsi les mots میں *je* ou *moi*, پانس *engrais*, se prononcent comme les mots français *main, panse*. Souvent ce *noun* est prononcé d'une manière presque insensible et se place, *ad libitum*, au milieu ou à la fin des mots. C'est ainsi qu'on voit dans les manuscrits hindoustani هونویں pour هوویں *ils seront*, کرنا pour کرنان *faire*, کو pour کوں *à*, تو pour توں *toi*, تیران pour تیرا *de toi* (tien), etc. Les poëtes ajoutent même quelquefois ce *noun* à des mots arabes et persans terminés par un alif de prolongation; comme dans وران pour ورا *outre*, نرگسیں pour نرگسی *de Narcisse*, etc. Ils omettent aussi quelquefois ce *noun* qui représente l'anuswara; ainsi ils écrivent نہی pour نہیں *non*, جیو pour جیوں *comme*, etc.

PAG. 30, LIG. dernière. Le *hé* ه final répondant au visarga, est souvent remplacé par un alif. Ainsi on écrit indifféremment چوپالا et چوپاله *sorte de palanquin*, گرا et گره *nœud*, پردا et پرده *rideau*, etc.

PAG. 32, LIG. 11. Lorsqu'un mot se termine par une consonne dépourvue de voyelle, cette consonne devrait proprement être articulée avec le son d'un *a* bref, suivant le système indien, comme on le fait en sanscrit. Cet usage n'existant pas en hindoustani, on trouve souvent dans les manuscrits, soit à cause de la mesure d'un vers, soit pour toute autre raison, un alif ajouté à des mots qui ordinairement n'en ont pas et ne se trouvent dans les dictionnaires que sans cette lettre. Ainsi, on voit کنوال pour کنوالا *préfet de police*, چرب pour چربا *gras*, پیر pour پیرا *pied*, دیس pour دیسا *pays*, etc. Au contraire, si cet alif final a été introduit par la pratique dans les mots dont il s'agit, les poëtes le retranchent souvent aussi par les mêmes motifs. Ainsi on voit dans les manuscrits hindoustani گل pour گلا *joue*, تمهار pour تمهارا *votre* (de vous), etc.

Pag. 35, lig. dernière. A l'exception بَهَوں subst. fém. *sourcil*, qui fait au nominatif pluriel بہوئیں, forme dérivée probablement de l'ancien singulier بہواں, j'aurais dû ajouter چھاوں subst. fém. *ombre*, dont le pluriel est چھائیں, et روان *poil*, qui fait au même nombre روئیں.

Pag. 41, lig. 19. Après *soi-même*, il manque un *etc.*, ou les mots *nous-mêmes, vous-mêmes, eux-mêmes, elles-mêmes.*

Au lieu de آیس on écrit souvent en poésie ایس avec un ا bref.

Pag. 48, lig. 3. De même qu'on dit irrégulièrement ہوجی, on dit aussi كیجی ـ لیجی ـ دیجی. On emploie quelquefois avec le précatif le verbe auxiliaire ہونا; ainsi on lit dans les *Muntakhabat-i hindi* de M. Shakespear, t. I, pag. 140 : جیس طرح كہ چاہیی ہی *comme il faut.*

Pag. 54, lig. 12, et pag. 59, lig. 3. Au lieu du présent défini میں جلتا et میں جلتا ہوں on emploie fort souvent en poésie un autre présent, composé du présent auxiliaire du verbe ہونا joint à l'aoriste du verbe neutre ou actif que l'on conjugue. Ainsi on dit également میں جلاوں et میں جلوں ہوں ہوں, etc.

Pag. 71. Les mots qu'on lit dans les deux premières colonnes à gauche du tableau qui se trouve dans cette page, ne sont pas proprement des adverbes, mais des adjectifs. Toutefois ils s'emploient souvent dans un sens adverbial, soit au cas direct, soit surtout au cas oblique.

Pag. 72, lig. 6. Plusieurs de ces sortes de postpositions ne sont que des noms gouvernés par une vraie postposition sous-entendue. De là vient que ceux qui sont masculins sont précédés de كے, et ceux qui sont féminins de كی.

Pag. 76, lig. 13. Après لاكھ 100,000, il faut ajouter نجت ou autrement دسلاكھ *million*. En hindoustani vulgaire, au lieu des numératifs composés dont on se sert régulièrement pour les dizaines accompagnées d'unités, on emploie quelquefois l'adverbe اوپر *au-dessus, sur*, entre la dizaine et l'unité. Ainsi on dit : ایک اوپر بیس 21, دو اوپر بیس 22, etc.

Pag. 89, lig. 16. Quoique le verbe كہلانا soit traduit par *se nommer, être appelé*, et paraisse neutre, il est, réellement, doublement actif, ainsi que l'indique sa dérivation du verbe actif کہنا *dire*, et il signifie proprement : (*se*) *faire dire* ou *nommer, faire qu'on* (vous) *nomme*. Ainsi les mots شہر کا بازار اردو کہلایا signifient : *le marché de la ville se nomma* (fit qu'on le nomma) *ourdou* (camp).

PAG. 98, LIG. 12. L'adverbe تک *jusqu'à ce que, avant que*, est ordinairement employé avec une négation explétive (1). Ainsi on dit : نہ جاؤ جد تک کہ ہم نہ پھر آویں *ne vous en allez pas avant que je* (ne) *revienne* (2).

____

(1) Bien des gens emploient de même en français après *avant que* une négation explétive et disent par exemple : *avant qu'il n'ait fini.*

(2) Gilchrist, *Hindoostanee Philology,* pag. 656.

داستان شکستن بت خود را زلیخا وایمان بر خدا آوردن

وآواز دادن هاتف زلیخا را که مطلب تو خواهد بسر آمد

اری ساقی توں جام جگ نما دی	ارسطو نے سنواریا ہے سو لیا دی
سنوارا تھا سکندر کی جو تائیں	شراب ناب سوں دی بھر کسی لیائیں
حقیقت جگ کی جس سیں ہوئ معلوم	زمین اور آسمان سب ہوئ مغمور
ستاری سعد اور سب نحس جانوں	سورج اور چاند کی گردش چھپانوں
طبق آسمان کی آوین نظر موں	پرت زمینوں کے سب آوین نظر موں
نہ لاؤ شرک یارو دل مغیں کوئ	جو لیائ شرک پچتا ہے اہیں سوئ
پرستش حق تعالی کی کرو ری	اسی آگل تم اپنان سر دھرو ری
اسی تم چھوڑ کس ہے کون نبوجو	اسی تم ایک کر دل بیچ بوجھو
جنی اس چھوڑ کر پوجا پتھر کون	چلا تحقیق وی بوجھو سقر کون
زلیخا کی سنو پوری وی مطلب	رہ تھا در میان سو اب کہوں سب
ہوا ایک رات اسکوں عشق کا جوش	پتری بت کی آگل وی ہو کی بیہوش
چھوں پھر ہوش بیچ آئ سو جب او	کہنی لاگی آپس کی بت کوں تب او
کہ میں تجکوں خدا کر کر کی پوجا	توی تیں دکھ درد اتنا نبوجا
برس رستی ہوئ میری عمر کی	کہ نسدن میں تجھی کرتی ہوں سجدی
عمر کھوئ میں تیری بندگی میں	پن آخر کام میرا نان کیا تیں
تجھی میں دیکھ راکھا کس ادب سوں	ہوا بجھ سیتیں آخر بیوفا توں
توں میرا کام اتنان کر سکا نان	کہ یوسف سیں ملاوی بجکوں جگ مان
عبث تیری میں اتنی بندگی کی	عبث تجھ سیں میں لیائ اپنان ہے
یوسف کی رب نے کیا کیا ہیں کئ کام	بچایا ہے یوسف کوں رب نے سب تھام
بھایوں نیں ڈالا جب اسکوں کوئ میں	نکالا اسکوں تب اسکی سو رب نیں
میں پھر جب لیکی زندان بیچ ڈالا	اونی سی اسکی رب نے پھر نکالا
پھر اسکی رب نے اسکوں شاہ کینتا	مصری ملک جیسا تخت دیتا
تجھی لعنت خدا کی بیچ کارا	کیا نیں کام نان اتنان ہمارا

تجھی یوسف کی رب اوپر سون دارون

میں یوسف کی رب اوپر لائی ایمان

وہی میری مرادوں دیسویگا ری

کریگا جگ میں وی میرا درد دور

یقین انسان ی تجکون سنوارا

مکھی بیٹھی تجھ اوپر آکی کدھوں

اگر دھرتی پو تجکون ناکھوں اوندھا

نہیں قدرت کہ اپس کون سما لی

عبث تیری پیچھل میں عمر کھوی

دنوں بھیتر تجھ آگل سر رکھا میں

کدھیں اس بندگی کا لاکھوان بھاک

تو دونو جگ میں ہون پاتی مرادان

ہوئیں دی بھی منجھی رب ی ہدایت

یون کہہ کر بت پکڑ دھرتی سون کوٹا

زراین زر زری کری تھی اس پس

وی ٹکری بت کی تھی کی لاکھ کا مال

خدا کی راہ بیچ سارا لوٹایا

سو تب ھاتف ی اسکون کی یون آگاہ

جو تیں اب کفر سین دل کون چھوڑایا

تو اب تحقیق مطلب ھوی تیری

سخن ای سن زلیخا ھوی خوشحال

شتابی سون انی سوڑی شور ٹار

وضو کر بندگی بیچ ھوی مشغول

زلیخا نیں رین کون ای کینا کام

تو دیکھو رب ی اسکون یون نوازی

بی غیرت کر کی دھرتی پر پچھاروں

کریگا کام میرا وی دو جگ مان

وہی میری رخ کون چھبویگا ری

کریگا وصل یوسف کی سین معمور

تو توں کیا کر سکی عاجز بچارا

اڑا توں نا سکی اس ھی مکھی کون

سکھی نیں آپ سیتیں ہو توں سیدھا

توں میرا کام آخر کیا بنا لی

عبادت بوت تجھ پیچھل ڈبوی

انی راتوں بھیتر تی کون کسا میں

یوسف کی رب آگل کرتی رین جاک

میری مطلب روا کسرٹا دی رحمان

ہو یو تجھ پر ہزاران رب کی لعنت

قدم تا سر دی بندوں بند سین جھوٹا

دی سب بانٹ رب کی راہ بھیتر

اسی بھی بانٹ کر دیتسا سو در حال

زلیخا ی یون دل اپنسان چھلایا

ہوی خیرات قبول ای رب کی درگساہ

انی خالق سین دل کون لگایا

کریگا تجھیو رحمت گھنسیری

لگایا دل کون تسب اللہ کی تال

نکالا گل سین وی کٹر کا تار

عبادت رب کی درگہ ھوی مقبول

جو توڑا بت انی لیای دی اسلام

جتائی رب ی دونون جگ میں بازی

ERRATA

DES RUDIMENS DE LA LANGUE HINDOUSTANI.

PAG.	LIG.	Au lieu de	lisez
10	16	*cent,*	*quatre cents.*
16	7	*d'un,*	*à un.*
27	21	*e ,*	*é.*
28	15	ब्र	क
29	17	श	श et ष
31	17	न	ब्र
ib.	18	ज्ञानी	ग्ञानी
32	14	*mangou,*	*mangue.*
33	9	أَیْ کَھر	أَیْ کَھر
37	7	اِی	أَی
38	20	دُوْلْھَا	دُوْلْھَا
39	8	گُرو	گُرو
62	8	جلاھُن	جلادُون
64	5	جلاتا ھی	جاتا ھی
70	11	*participe masculin,*	*participe passé masc.*
74	10	چھ	چھ (1).
78	14	کرْن	کرْن کرْن
ib.	ib.	اُرْدُو	اُرْدُو
79	6	ह्रा	ह्रुआ
ib.	7	बाह्सि	बाइस
ib.	15	कर्तें	कर्तें कर्तें
ib.	19	लिकिलाफ़त	लिखलाफ़त

(1) Avec deux **s**, parce que le premier fait partie du **ह** avec lequel il représente le **ह**
de l'écriture dévanagari et qu'un mot ne peut consister en une seule lettre.

TABLE DES MATIÈRES.

AVIS AU RELIEUR,

POUR LE PLACEMENT DES *FAC-SIMILE*.

ERRATA

DE L'APPENDICE

AUX RUDIMENS DE LA LANGUE HINDOUSTANI.

« Nulla disciplina in quâ non peccando discatur. »

Nota. En expliquant à mes auditeurs les lettres hindoustani originales que j'ai publiées dans l'*Appendice* à mes Rudimens, je me suis aperçu qu'il m'était échappé quelques inexactitudes. Je m'empresse de les relever dans le présent *Errata.*   G. T.

PAG. 8, LIG. 16.

Au lieu de : « Je l'ai placée (la lettre) à droite du chemin de mon cœur, » on pourrait traduire : « J'en ai fait une cornaline pour le cou de mon cœur. » Alors le mot يمنی doit être prononcé *yamaní,* et il signifie *cornaline,* et گلے est le cas oblique de گلا *cou.*

PAG. 12, LIG. 24.

Au lieu de : « C'est par l'effet.... rien dire de plus, » il valait mieux traduire simplement : « Je ne dois l'attribuer qu'à mon mauvais destin et à mon « indignité. »

PAG. 14, LIG. 19.

Au lieu de : « Par votre ordre, » il aurait été plus exact de traduire : « Pour « vous satisfaire. » A la lettre : *Pour ce que vous lui avez ordonné de vous procurer.*

PAG. 15, LIG. 18.

J'ai laissé à dessein درستگی ; mais j'aurais dû prévenir que c'est un barbarisme, et qu'il faut درستی.

9

ERRATA.

PAG. 18, LETTRE V.

Cette lettre est assez obscure, à cause qu'on ignore les faits auxquels elle fait allusion. A la ligne 13, au lieu de : « préférablement à moi, » il vaut mieux traduire : « pour me protéger. » A la lettre : *sur ma tête*. Et ligne 19, au lieu de : « à ces excellens messieurs, » on peut mettre : « à M. Greave ; » parce que, en effet, il est probablement question de lui. Dans ce cas, le pluriel serait employé par respect, au lieu du singulier, d'après l'usage adopté en hindoustani.

PAG. 20, LIG. 27.

On pourrait peut-être unir cet alinéa à la phrase précédente, et mettre : « De « lui dire qu'il connaît la situation du père (celui qui écrit la lettre) et de la « mère de Lalwa, et qu'il, etc. » — Et à la dernière ligne, au lieu de : « Celui-« ci l'évite, » mettre : « Celui-ci lui donne des raisons évasives. »

PAG. 21, AVANT-DERNIÈRE LIGNE.

Dans le mot en caractères dévanagari, on a mis, par erreur typographique, un *na* au lieu d'un *ta*; il faut lire पश्चात्.

PAG. 24, LIG. 9.

Au lieu de : « Le juste prix, etc., » il vaudrait mieux avoir traduit : « Vous « la payeriez (cette terre) tout au plus 175 roupies. »

PAG. 26, LIG. 1-3.

La phrase qui commence par le mot *maintenant*, et se termine à l'alinéa, doit être lue ainsi qu'il suit :
« Maintenant payez-lui l'année (courante), avec le compte de neuf mois, « depuis le commencement de l'année *fasli* (1) 1236 (1829). »

(1) On nomme فصلی, c'est-à-dire *conforme aux saisons*, et aussi عرفی ou ملکی *usuelle*, et ولایتی *étrangère*, les années luno-solaires, telles qu'elles sont calculées dans les almanachs de l'Inde. La première coïncide avec l'année 593 de J. C. J'ai parlé de cette ère dans l'*Appendice*, pag. 40.

Pag. 28, lig. 5.

Au lieu de : « le titre de la dette, » lisez : « le montant de votre billet. » پائنا ,
v. a., signifie *payer ;* et par conséquent پئوانا , verbe doublement relatif qui en
est formé, signifie *faire payer.*

Pag. 34, lig. 22.

Ce vers est de Hâfiz ; on le trouve dans l'édition de ses œuvres lithographiée
à Calcutta, en 1826, pag. 49, lig. 8. Mais dans cette édition, ainsi que dans
les meilleurs mss. de cet écrivain, que possède la Bibliothèque du Roi, le premier hémistiche de ce vers est tracé ainsi qu'il suit : رواق مسنظر من چشم
آشيانۀ تست. « La prunelle (portique de la vision) de mon œil est ta de-
« meure (1). »

Pag. 38, lettre XVIII.

A la première ligne, il faut lire : « Ami excellent, mais qui néanmoins
« oublie les absents. » Les mots دور افتادگان sont une expression composée, si-
gnifiant à la lettre : *les (gens) tombés (en) éloignement.* — A la quatrième :
« Si je formais le dessein de faire toucher au brun coursier de mon *calam* ce
« vaste emplacement, ou de diriger ses rênes dans cette plaine sans limites, etc. »
Enfin, à la seizième, il serait plus exact de traduire : « Que pouvez-vous dire
« de cette indifférence ? Si vous nous traitez de la sorte, en pensant que vous
« n'avez plus rien à faire avec nous, et qu'ainsi il est inutile, selon vous, de
« perdre des instans à écrire, et de gâter, pour le faire, une feuille de papier,
« souvenez-vous que le temps ne demeure pas uniforme. Or quelle excuse
« pourrez-vous donner de ne pas nous avoir écrit, si jamais nous nous ren-
« controns ? Beaucoup, etc. »

Pag. 42, lig. 6.

Retranchez la première parenthèse (कि).

(1) Je dois cette indication à M. Forbes Falconer, un de mes auditeurs les plus distingués, dont les demandes pleines de sens ont donné lieu à plusieurs articles de cet *errata.*

PAG. 45, LIG. 7.

Lisez : « Je salue Imâm Bakhsch. Ici (इह्ठा pour بهلان) nous avons bonheur
« et santé. »

PAG. 45, LIG. 15.

Il vaut peut-être mieux considérer l'expression *Ramtahal* comme un nom
propre, et traduire : « Au bijoutier *Ramtahal,* habitant, etc. »

PAG. 62, LIG. 7.

Au lieu de ناکهون, il faut probablement راکهون, du verbe راکهنا, synonyme de رکها *garder, avoir,* etc. Toutefois le manuscrit porte le mot inconnu que j'ai laissé subsister.